会整理的孩子会学习

[韩] 尹善铉 著
李倩 译

湖南教育出版社

作者序

"整理一下！"
"以后再整理啦！"

在做整理咨询的过程中，最让人欣慰的瞬间就是孩子们在整理后的各种反应。当孩子看到整理后变得宽敞、明亮的家，就会根据各自不同的气质，将当下的感受尽力展现出来。有些孩子一边开心地说着"妈妈，我们搬新家了"，一边兴奋地满屋子跑；有些孩子打开尘封已久的钢琴，演奏一曲美妙的音乐；有些孩子拿着不知道从哪里整理出来的书，专心地阅读着；甚至还有开心到跳舞的可爱小朋友。这些都令我印象深刻。

在网络社区"整理之力"中，常有家长写文章分享与孩子一起发生的有趣小故事，这些文章总是带给我许多感动。很多人留言说，即使没有刻意地去教孩子整理，他们只是在父母整理时旁观，也能养成自觉整理的好习惯。"妈妈，今天要整理哪里呢？我来整理我的书包吧！""妈妈，我把这个整理好了，我很棒吧？"令我印象特别深刻的一篇文章，是一位家长的经验分享。当家长在超市里陷入买不买的抉择时，跟着一起来的孩子说："这个东西买回家之后，又打算丢掉了吗？"于是他默默地把商品放回架上。就这样，每当我想到这些孩子们时，脸上总是不自觉地露出微笑。

或许正因如此，从很久以前开始，就有很多学生或是网络社区成员询问有没有"专为小孩设计的整理教育"，或是请我设计"小孩也能轻易上手的整理活动方案"。这些人大概是自己才刚开始学习整理，恰好也想教小孩怎样整理，却发现两者截然不同，因而感到相当困难。本书就是为孩子们特别设计的专属整理法，写给家长也写给孩子，目的是让大人带着孩子一起动手学习整理。以下我先简单谈谈几个重点。

首先，改变环境。这不是要你不停搬家，而是在目前居住环境中，把不需要的东西通通丢掉，并将所有东西按照使用的便利程度整理收纳。如此一来，家里不仅干净整洁，同时也会带来新的气象。这样做的重点在于只要把乱七八糟的家里整理好，就会对孩子的情绪或是学习产生积极影响。

其次，改变使用时间的方法。就像是只留下重要的东西、丢掉不必要的物品一样，了解事情的优先顺序，把时间花在重要的事情上。另外，如同在进行空间整理时要做到物归原位一样，必须养成有规律的生活习惯，特别是要减少浪费在玩游戏或手机上的时间，同时多给孩子一点自由时间，让他们可以投入到感兴趣的事物中。通过这些时间来培养孩子的兴趣、特长，或让他们拥有梦想，他们就会努力朝着好的方向前进。

最后，懂得整理人际关系。整理关系并不是要孩子没有计划地随意结束与其他朋友的人际关系，而是要让孩子了解和怎样的朋友建立关系才会感到幸福，懂得如何交朋友、如何解决彼此的争吵等，并对人际关系中的道理有所理解和感悟。如果能够在人际关系中获得幸福感，孩子在学校生活中也会更加努力，并且会尽自己最大努力好好学习。

本书是从整理的基本理论与概念开始介绍，有些内容已在我已出版的著作《改变人生的15分钟超级整理术》《关系整理的力量》《整理使人获得财富》（后两者书名暂译，皆尚未有简体中文版——译者注）中提过，因此本书不再赘述。在本书中，有些理论的必要内容会与前作有所重复，倘若读者们想要更有系统、更具体地了解"整理术"，也可同时参考上述书籍，相信一定能让大家获得更深入的认识与感悟。

本书虽然是教育子女的书籍，但对于在整理方面仍是初学者的父母来说，也可以算是有所帮助的自我成长书籍。针对完全没学过整理，或是对于整理没有信心、甚至觉得整理起来很麻烦的父母们，不妨把自己视为孩子，从最简单的整理方法开始学习吧！对父母而言，有关子女教育的内容免不了让人觉得有负担，甚至觉得有压力。然而，只要跟着本书内容逐渐适应并且开始动手做，亲身体验书中的整理术，你将明白，为孩子们所做的这些事或是值得教给孩子的这些事，也会为自己的生活带来很大的益处。

推荐序

提升孩子学习成绩，从教会他们整理开始

　　作为一名有二十多年教学经验的小学教师，我真的接触了很多孩子，也因此自然地发现了许多有趣的、有关联的现象。举例来说，偏食的小孩普遍个性比较犹豫或是散漫；爱看书的小孩成绩通常也会比较好；家离学校比较近的孩子反而容易迟到……类似这样的关联性还有很多。然而，在这些关联性中，"会整理的孩子，通常功课不错，在同伴之间也颇受欢迎"是最直观的。虽然可能有人会反对这样的论点，但通常只要这些孩子没有其他明显的缺点，这的确是个不可否认的事实。

　　不太懂得整理的孩子，在学校里是相当辛苦的。这样的孩子，往往所有物品散布在桌面，即使已经第三节课了，书桌上还堆放着前两节课使用的课本和笔记本，反而没有当节课需要的相关课本、笔记本；抽屉也是常常被塞得满满当当。书包里是怎样的情形呢？一个月前发下来的家长通知单仍被

塞在书包的某个角落；更可怕的是，食物甚至已经在书包里放到发霉了。再来看看储物柜里的情形。一打开柜子门，里面的东西瞬间掉了下来，洒满一地；平时如果要找某样东西，非得把全部东西都拿出来才行。要和这样的孩子共处并且维持良好关系，可不是简单的事情啊！因为这种孩子的行为，很有可能会直接或间接地波及他人，同伴们也大都不喜欢脏乱、不爱整理的孩子。

想让子女成为学习好的孩子吗？那就先让他成为一个懂得整理的孩子吧！希望子女成为受同伴或是老师欢迎的孩子吗？那么得先让他具备整理的基本功夫，才不会成为给别人造成困扰的人。整理能力并不是一种可有可无的能力，它是生活的必要能力之一，不仅体现在家庭生活或学校生活中，随着年纪的增长，整理能力在社会生活及婚姻生活中都是必备的重要核心能力。

许多父母认为，孩子长大后自然而然就会懂得如何整理。但是，整理能力并不是那种随着成长自然而然地领悟并掌握的能力，它也需要深入学习。最重要的是，首先要认识到整理的重要性，并且在日常生活中一点一滴去实践。

从这个角度来看，这本书相当实用。作者将整理术的重要性与技巧，以具体、实际的方法介绍给大家。更好的是，书中提出的整理概念，并不局限于空间，还包含了对于时间的整理及对人际关系的整理，这都会为我们的人生带来相当重要的影响。因为，只有能够好好管理自己时间的人才会成功，懂得整理人际关系的人才有可能变得更加幸福。

对于那些不太会整理自己生活的父母，以及那些想要把孩子培养得很会整理的父母，还有那些总是因为整理问题使亲子关系变得紧张的父母，我都想给他们强烈推荐此书。

宋在焕

（韩国畅销书作者，著有《小学一年级的学习，阅读就是全部》）

第一部分 整理能力就是学习能力

提升孩子的学习成效,整理是答案
整理使孩子变得不同 /3
整理有序是学习的根本 /7
环境提升学习成效 /10

整理怎样帮助孩子改善学习?
为什么在开始读书前总是想要整理? /14
整理是自我主导 /15
整理是注意力 /20
整理是创意 /23
整理是知识管理法则 /30

如何让孩子成为一个会整理的人?
不想再为了整理而争吵的父母 /33

因整理引发冲突的原因 /34
不会整理是遗传吗？ /37
父母以身作则，孩子也会整理 /41
以后孩子对我们家会有怎样的记忆呢？ /45

父母传授给我们的生活技术——整理
课本里学不到的整理教育 /49
传授整理技巧的根本原因 /54

清单　孩子们整理到什么程度了呢？ / 63
清单　我是一个会整理的父母吗？ / 66

第二部分　实践为孩子设计的整理计划

和孩子一起成长的空间

我的孩子有变化了！ /71

打造一个改变孩子行为的居家空间 /80

随时间和环境的变化而改变且不可错失的整理教育 /85

符合孩子房间动线的整理法 /92

高龄妈妈的孩子房间整理秘诀 /96

这样整理孩子房间就足够了

整理孩子房间的第一阶段：合理购物 /106

整理孩子房间的第二阶段：清除杂物 /113

整理孩子房间的第三阶段：整理收纳 /120

整理孩子房间的第四阶段：清洁打扫 /133

培养孩子梦想的时间整理法

跟时间赛跑的妈妈们 /138

父母的时间整理原则 /140

孩子的时间整理法第一阶段：培养习惯 /144

孩子的时间整理法第二阶段：创建优先级概念 /156

孩子的时间整理法第三阶段：打造生活指南 /178

让孩子生活幸福的关系整理法

孩子们也需要整理好人际关系 /187

幸福的孩子因人际关系而成功 /188

孩子关系整理第一阶段：建立关系 /191

孩子关系整理第二阶段：维持关系 /197

孩子关系整理第三阶段：整理关系 /210

后记　相信孩子的潜力，相信整理的力量 / 220

附录　整理任务清单 / 223

第一部分

整理能力就是学习能力

提升孩子的学习成效，整理是答案

整理使孩子变得不同

金有美是一位远近闻名的老师，从事游戏教育及亲子教育，但她有个无法倾诉的苦恼——关于女儿敏智的教育问题。平时总是指导其他父母、引导他们教育方向的金有美，却对自己孩子的教育问题束手无策。这让她不论是在家里或是在外面，总是感到无比的惭愧。

敏智本来是一个很喜欢看书也相当乖巧听话的孩子，但不知道从什么时候开始，她突然变得很爱乱发脾气，个性也变得古怪，甚至学会了顶嘴，就连假装应付也不肯了。起初，有美还认为大概是因为女儿到了青春期，自己忍一忍就过去了，但近来最大的问题就是敏智对智能手机像是着了魔一样，每天夜里连觉也不睡，常常熬夜到凌晨三四点，有时候甚至还玩到天亮，导致早上不能按时起床，上课更是经常迟到或者缺席。

有美骂也骂了，好话也说尽了，道理更是说破了嘴，但只要遇到有美早上有课、必须提早出门的日子，毫无疑问地，敏智一定会无故缺席。敏智也不是跑到外头去为非作歹或惹是生非，她只是窝在房间里一直玩着手机。每当这种时候，有美总是苦苦哀求，哭着对女儿说："算是妈妈拜托你，拜托你一定要熬到毕业，要不然你明年就得复读，和弟弟妹妹们一起上课。"可是这样做却一点用也没有，有美也渐渐对这样的生活感到痛苦。

后来因为女儿缺席的天数实在太多，有美被要求参加学校运营委员会组织的会议。一同参与会议的警察本以为敏智的妈妈应该是个忧郁症患者或者残障人士，所以才没办法好好照顾孩子，因此当他见到有美之后，略带挖苦地开玩笑说："这位妈妈状态很好啊！"会议结束之后，社区中心打电话告诉有美，会找时间到家里进行家庭访问。这让有美的脑子一片空白，因为她从来都没想过会有客人到家里造访。

几年前，在把作为办公室的工作室退租后，有美把工作室里的物品全都带回家中。因此，现在她的家里乱七八糟，堆满了教学时所需要的各式各样的游戏教具及教材。所有物品几乎就跟她带回来时的状态一样，一摆就是好几年。而这几年生活下来，她想不起家中上次有客人来访是什么时候的事了。家里乱七八糟是一回事，但是比起乱七八糟的家，更令她担心的其实是被人发现她是位亲子教育讲师。不得已之下她只好向朋友求救，好不容易才勉强整理出一个稍微可以

见人的客厅和厨房。

说来也奇怪，就在房子稍微整理之后，意想不到的事情发生了！此前总是要恩威并施才勉强去上学的敏智，早上竟然自动起床，并且乖乖准备去学校了。放学后，敏智也会找朋友来家里玩。当有美看到原本每天只知道低头玩手机的孩子，现在也会带朋友回家玩，短时间内发生这么巨大的改变，让她十分感动与欣慰。更令她吃惊的是，回想女儿开始进入叛逆期的时间，似乎跟她结束工作室生活、把工作物品带回家的时间点差不多。于是有美想，既然已经开始动手整理了，索性干脆请了假，整整一个月，每天都投入到整理家务的工作之中。一个月下来，她把所有东西都分门别类地整理归纳，收进收纳箱里，完美地以标签标示清楚。同时，她也把日常生活中用不到的物品全部丢掉，尽量不让东西堆在地上，将室内空间整理得干净整齐。整理收拾完后，整个家跟之前相比，简直有天壤之别。

有美从来没想到会有这一天。当家里变得干净整齐之后，女儿的行为也明显有所改善：原本缺乏交流的敏智，现在开始会回应妈妈的话了；叫她跑腿做事也会乖乖帮忙；顶嘴的情形也减少了许多。有美更进一步与敏智约定减少手机使用时间，原本对手机着迷的敏智也尽自己最大努力遵守约定。使用手机的时间减少了，敏智自然而然也不再赖床、不再旷课；家庭成员之间，彼此的对话也逐渐增加。原来，有问题的不是女儿，而是乱七八糟的家啊！此时，有美终于彻底了解家庭环境对子女有多么巨大的影响力。家里乱成一团的话，即便知道再多、再好的子女教育方法都无济于事，拥有一个干净整洁的家，才是完善子女教育的根本之道！通过这次的经验，有美真是深有体会。

整理有序是学习的根本

"用于整理咨询的费用，都足够买个名牌包了！"

坊间流传着这样一句话，让许多想要报名参加整理咨询课程的妈妈们还没真正开始尝试就已觉得负担很大，因而打退堂鼓。

整理咨询课程虽然经媒体的大幅报道而变得广为人知，但事实上，它是不是真的有着跟名牌包同等的价值，大家对此仍抱着很大的怀疑。通过有美这活生生的例子，我们看到了一旦把家里整理收拾好，孩子也会因此产生非常明显的变化，而且是表现越来越好。这就不难理解"学会整理"这件事，其实比买名牌包还要有价值啊！

我曾经协助整理首尔芦原区一位小学生的房间。据委托人所说，她的孩子几乎不待在自己的房间。我实地探访之后，发现问题其实不在孩子身上，根本没办法让人相信那是一个"小学生"的房间！房间书桌上堆满了许多又厚又重的书籍，仔细一看，竟然都是一些大学课本，还有托业考试（TOEIC）

的参考书及练习本。一问之下才知道，原来这些书都是委托人大女儿搬离家之后留下来的，这个房间本来也是女儿使用。自从女儿搬出去后，这个房间理所当然地就让弟弟接收了。不过，与其说这是一间给小学生用的书房，倒不如说是大女儿的物品保管仓库。可想而知，弟弟根本无法感受这是一个属于自己的房间。在我们把女儿留下来的物品和较贵重的书寄给她、其余的书全都丢掉之后，原本从不踏进自己房间的孩子，竟然静静地把自己的东西陆续拿到房间里放好，也开始动手收拾不玩的玩具，并且自己乖乖整理书桌。在整理完房间之后我们发现，孩子已经从书柜里挑选了一本书并乖乖地坐在书桌前看了起来。

还有一个值得一提的故事，是关于家庭主妇赵美淑的例子。美淑是一位来参加整理讲座的听众，在听完整理教育讲座后，她照着我教大家的方式每天设定计时器来整理家务，即使是执行计划以来所面临到的空前难关——三天的重感冒——她仍然坚持计划，每天至少花十五分钟整理。有一天，她整理了久未使用、长期用来堆放杂物的化妆台，竟然翻出自己当年的结婚照。已经长得很大的孩子还是第一次看到妈妈的结婚照呢！她和孩子一起看着那张结婚照，开心地聊了许久，这也让她意识到，那个位置已经被自己闲置了好长一段时间。整理好的地方都变得更好了，而最令她心满意足的地方就是孩子房间的书桌。

书桌上原本放着许多不知何时捡回来的小石头，整张书

〰〰 把凌乱不堪的书桌整理好以后，孩子就自觉开始读书。当参与者把这样的经验分享上传到脸书（Facebook）之后，许多妈妈也开始亲身体验整理的奇迹

桌简直像是所有杂乱物品的仓库，如果在这样的书桌前还可以收拾书包，真是件不可思议的事！当这样的书桌被整理干净的时候，不禁让人联想到空无一物的飞机跑道。更令人吃惊的是，整理完书桌之后，平常根本不会坐在书桌前的孩子，竟然自己坐在那乖乖地写着试卷。

美淑看到这般景象十分感动，只有她自己知道这件事情实在是太不容易了，于是她将照片分享到朋友的群组中，并说"整理好书桌之后，儿子就自觉去读书了"。后来也有几个妈妈学着她的做法一鼓作气把书桌整理好，结果在短时间之内，每个人家中都发生了"整理奇迹"，就好像接力赛一般，孩子自觉坐在书桌前读书的照片一个接着一个被上传到网上。每次都要在父母的唠叨下才心不甘情不愿去学习的孩子们，在整理好房间、书桌之后，变得特别自觉，不用大人们催促也会自己坐到书桌前学习。这样的事实在众多妈妈之间引起热烈讨论。的确，妈妈十句唠叨的威力，怎样也比不过好好整理一次所带来的效果啊！

环境提升学习成效

在做整理教育时，我认识了一位整理咨询顾问，她对儿童房的整理特别感兴趣，说这是源于自身的育儿经验。她的女儿是韩国一所知名大学医学院的博士，别人眼里的学霸。

因此，身旁总是有许多人询问她是请了非常昂贵的家教，还是去了哪一家有名的补习班？到底有什么秘诀，可以让孩子成绩鹤立鸡群？她左思右想，都觉得是女儿认真用功读书换来好成绩，自己从来没有给女儿提供特别的教育资源。

不过，等到孩子长大了，她也随着兴趣成为整理咨询顾问后，这才发现自己其实有一套养育聪明孩子的秘诀。委托她帮助整理的客户，大多是三十至四十岁的女性，照顾正在上幼儿园或是读小学的孩子，家务事都没办法好好处理。但是为了孩子，她们又买了许多教材、童书、玩具等，结果这些东西把家里每个角落都堆得凌乱不已。堆积的杂物，让空间看起来阴阴暗暗的，十分不明亮，物品上也堆积了许多灰尘。看到这样的景象，一个疑问在我脑海里挥之不去："这样的环境，究竟对小孩会有什么帮助？"果不其然，大部分的客户烦恼都差不多，通常是"我的小孩不听话""从来都没看过他在房里看书""每天只知道玩，一点学习欲望也没有，实在很糟糕""每天回家后就只知道看电视"等类似的抱怨。

这位整理咨询顾问仔细回想了自己的生活经验。她总是把家里整理得相当干净整齐，迎接她的孩子回家。等孩子年纪再大一些，在选择孩子房间窗帘颜色、购买新的书桌和床等家具时，她也都会听取孩子的意见；还和孩子一起讨论要如何摆放物品。她没有聘请昂贵的家教，没有像现在的多数家长一样早晚接送小孩，也没特意帮孩子打听升学渠道，孩子就是自己一步一个脚印、扎扎实实地学习，自己决定升学的方向，沉浸在自己感兴趣的事情里。如果硬要说有什么秘诀的话，干净整洁的家以及尊重孩子个人空间或许就是她的独门秘诀。

所谓的"助推"（nudge），就是指以尊重个人自由为前提，同时也为了拥有更健康美好的生活，给予对方少量的刺激，轻轻地助推他们，以达到对他们的生活方式产生影响的目的。有一位亲子教育专家曾经说过，要让一个沉迷游戏的孩子别再打游戏，最好的方法就是一直对他啰唆，不停地逼他"快去打游戏"。因为越是叫孩子不要做什么，越是会让他们想去做那件事情，如果设定非常强硬的规矩，反而会让孩子产生叛逆心理；但若是实行"助推"，就会让做决定的一方负起自律的责任，同时给予影响，促使他做出更好的决定。因此，许多育儿专家创造出"助推育儿"一词，这个概念被积极地推广并且活用在育儿教育上。

活用助推理论为孩子带来正向影响的例子相当多。例如，当学校供应营养午餐时，只要在分配食物时先把水果放在餐盘上，光是这样简单的动作，就可以让儿童的水果食用量增加25%，这比起反复提醒孩子"多吃水果"来得更加有效。而为保障交通安全所使用的"黄色地毯"，也是以助推理论来保护儿童交通安全的好例子。为了让儿童能安全地站在斑马线前等待红绿灯，在地上以黄色贴纸划定一个区块，与周边环境做出区别，有了区别之后，儿童在过马路前自然而然就会站到"黄色地毯"的范围内等待交通信号；而"黄色地毯"

也可以引起驾驶员的注意，因此达到减速慢行的效果。

　　还有一些相关的研究结果可以证明整理的重要性。美国明尼苏达大学凯瑟琳·沃斯教授与其他同事，针对干净整洁的环境对人的行为模式所造成的影响进行探讨。三十四位实验对象随机分别进入"整齐房间"以及"凌乱房间"之后，先让他们回答与实验无关的问题约十分钟，再给他们看关于育幼院儿童书籍和玩具的捐款计划方案，最后询问实验对象愿意从自己的实验经费中捐赠多少钱来帮助育幼院的儿童。实验结果显示，比起"凌乱房间"的实验对象，"整齐房间"的实验对象会比较愿意捐款；不仅如此，"整齐房间"的捐赠总金额还要比"凌乱房间"高两倍。此外，在两个房间分别放着苹果和巧克力，让实验对象选择其中一个来吃，"整齐房间"的实验对象更多会选择对身体有益的苹果。由此可见，干净整洁的环境是一个变因，可以使实验对象做出更多、更好的行为选择。整齐干净的环境，不仅会对本能行为造成影响，对于影响意志的行为，同样有着积极的影响。

整理怎样帮助孩子改善学习?

为什么在开始读书前总是想要整理?

整理完书桌之后,孩子便自觉放下手机开始写作业、读书,这并非偶然。美国著名心理学家、心理咨询师托马斯·戈登曾说过:改变环境对任何年龄的孩子来说都是相当有效的方法。但是,大部分的父母总是用唠叨的方式——像是使用"去学习""为什么没有事先准备好"等来要求孩子不再做某种行为——企图改变他们,却从没想过或是从没注意到环境带来的影响。在本节中,让我们来看看对子女而言最急切也最为优先的课题——整理对于学习所造成的影响。

相信大家都有过这样的经历:在开始学习之前,总会有一股想把乱七八糟的书桌整理干净的冲动。为什么在开始学习前一定会觉得凌乱的房间很不顺眼,而且还会产生把在一旁闲置好长时间的杂物好好整理一下的欲望呢?

美国心理学家芭芭拉·弗雷德里克森指出,拥有好的心情会对创造力、思考能力及判断力产生正向的影响;反之,像是压力这类负面的情绪,会使我们的认知能力变小。整理得干净整齐的房间,大多会带给人爽快、舒服的感觉,无论是读书或工作，都会使人充满前进的动力。反之，在需要找补习班讲义或是要带东西去学校完成作业时，却因为书桌上堆满了杂物，怎么找都找不到的话，时间就花在房间里翻找东西，不但不可能让人充满干劲，还不容易集中注意力，学习效果自然就大打折扣。

比起学习，我们的大脑更重视生存，如果因为不愉快的经历或是因为受到压力而产生不好的情绪，大脑就会将这个坏情绪视为对生存产生威胁的信息。于是，比起其他信息，大脑会更优先处理这样的信息。学习前总是会产生整理环境的想法，或许正是因为我们的大脑会在无意识中自动生成命令，认定把环境整理好了才有好的心情，才能进行学习这类的高层次行为。

整理是自我主导

自主学习是指孩子能够发自内心地主动学习，而不是依照他人的命令或是受到强迫才学习，也不是靠着学校课程进度或是老师教导才被动地进行学习。如果想要孩子获得好成绩，光靠学校的教学及补习班的培训是不够的，必须要让孩子能够自发学习才行。然而，最近韩国社会竟出现了"自主学习馆"或"自主学习营"这类补习班，实在是相当讽刺。话说回来，自主性高的孩子会具备哪些特征呢？

要做到自我主导，首先要能确认自己学习的时间，同时从设定学习目标开始，到调整计划、评估，并且控制进度，这是一个需要相当强烈的自我控制力的过程。这并不是通过教导或是栽培就可以学会的，但也不是完全不需要他人的帮助。整理出一个干净整洁的环境，对于培养孩子自主学习能力有相当大的帮助。让我们来看看以下的研究结果。

加拿大英属哥伦比亚大学的学者将一百五十名大学生随机分成三组。第一组处于一个将纸张、水瓶、纸杯等物品杂乱地摆放在柜子上的环境；第二组则处于物品数量相同，但被整齐摆放在柜子上的环境；第三组则是对照组，柜子上什么东西也没有。接着，请三组实验参与者依次分别单独进入不同房间中。在不同房间里，由进行实验的人一次拿出一种物品的图片，共十种，并且请参与者同时进行问答。实验进行者所展示的图片分别为高清电视、迷你冰箱、空调、微波炉等，他们请实验对象回答最多愿意花多少钱来获得这些产品。实验结果显示，与整齐房间及对照组的实验对象相比，凌乱房间的实验对象中有一半以上的人会以更高的价格来购买物品。

根据实验结果推测，相较于环境整洁，甚至没有摆放物品的环境，当环境凌乱、物品没有摆放整齐时，人们更容易产生冲动购物的可能。冲动购物是受多种因素影响而产生的行为，为了避免冲动购物，我们可试着先思考机会成本，或是在购买之前先冷静二十分钟再做决定。然而这些行为都很需要自我控制的能力。身处凌乱不堪的房间的孩子，可能总是拖延做该做的事，沉迷于有趣的漫画书、玩具、电视节目，或是玩智能手机。这都是非常自然的情况，因为一个人长期处在杂乱无章的环境中，自然地就会放松对自己的标准，同时自我控制能力也会产生问题。

如果你期待看到孩子自发地看书、写作业，首先就从孩子的房间开始着手整理吧！

自我主导的重要性

"这次考试如果考一百分的话，就给你买游戏机。"

"所有科目平均成绩超过九十五分的话，就给你零用钱二十万韩元。"

许多父母为了激发孩子读书的动力，常常会用这些外部补偿的奖励方式。但是，当孩子习惯了这样的奖励方式，久而久之就会有诸如"如果这次可以帮我换最新型手机的话，我就好好学习"等想法，从而自己先提出条件作为交换。虽然零用钱或是礼物等外部补偿的奖励方式有着即时的效具，可是一旦没了奖励，学习动力的持续性就产生了限制。如果想要强化孩子的某种行为，比起外在动力，更重要且更有效果的是发掘孩子内在动力。因为内在动力是由内在补偿所产生的，最有效的补偿就是让孩子发自内心感受到"学习的乐趣"。

我们通常认为的幸福时光是指生活中开心且悠闲的一

段时间，但是根据《专注的快乐》的作者、心理学家米哈里·契克森米哈赖的说法，当人们专注地进行某些课题时，反而会比他们享受悠闲时光更能获得幸福感。所谓的专注，是指当你集中注意力在任何事或是活动上，并且沉浸于此的状态。因为你会觉得那是件很有趣的事情，同时也会产生持续去做这件事的念头。专注于某项事物，不仅可以提升个人幸福感，也会强化自我认同感。如果这件事是有建设性的，并且对自己未来是有帮助的，那么就更能增强这样的效果。演员金桢勋曾是韩国首尔大学牙医预科的高材生，被称为"脑性男"（即对脑袋聪明从而显得性感的男生的简称）的他曾在节目上说过，让他战胜高中时期抑郁情绪的最大动力，就是当他没入数学解题时所产生的那股专注力。如同可以战胜抑郁情绪一样，专注力也可以给予我们强烈的幸福感，并且提升自尊感。也就是说，越是能专注于学习的氛围中，越是能感受到读书所带来的乐趣与成就感，也能因此获得持续下去的动力。

提高注意力，整理是必要的

要怎么做才能够提高孩子们的注意力呢？

首先，必须打造一个容易让人集中注意力的环境，把跟学习无关的不必要因素排除。专注于学习，可以让我们体会到其中的趣味，而且这是更高层次的乐趣，因此如果周边有其他的刺激源或是有可以即时享乐的物品，学习的专注力就很容易被打断。咨询专家整理书房、选购家具时,通常会避免选用开放性的书柜,而会选择像壁橱一样有柜门、可遮盖柜子内部的家具。例如,比起把电动玩具和电脑直接放在房间里,建议把电动玩具放在收纳箱中,而电脑也尽量选择笔记本电脑,这样就可以在不使用时收起来,等到要用的时候再拿出来。

除了环境要整理,时间也需要整理。也就是说,减少不必要的行程规划,把时间省下来作为自己读书的时间,以更有效率的方式补强自己不足的地方。如果要达到专心的程度,就必须要选择比自己实力稍微高一点、更具有挑战性的事情。若要掌握自己的水平,则不必专注于学校的课程进度和考题练习,而是需要弹性较大的自主学习时间。偏偏现在的孩子,总是被各式各样的先修课程占据了时间,以及为了获取高分而练习一堆高难度的参考题,陷入了一种"只要我认真听老师讲解那些高难度练习题,就有办法解决那些题目"的错觉中,无法清楚掌握自己的实力水平。所以,要想根据实力做到有效学习,须另外安排一个可以弹性运用的时间,并且试着由自己去进行计划、实施与评估。

整理是注意力

许多小学时期成绩相当不错的孩子,进了初中之后,成绩就一落千丈，这样的案例时有所闻。因为在初中阶段，想要把书读好、获得好成绩，可不是光理解就行了，还需要具备背诵能力与记忆力。记忆力和"读"的能力有着相当密切的关系，进而影响到学习的整体效果。初中时期要学的科目，比起小学要多出许多，而且要应付的考试数量也大幅增加，如果记性不好的话，在解题时对题目的理解度也会有所下降。

虽然提升记忆力的方法有很多，但从根本上说，提升记忆力是需要注意力的。注意力散漫的孩子，不仅常常忘记一些该记住的事情，也没办法在书桌前久坐。因此，有越来越多的父母开始担心自己的孩子是否患有注意缺陷与多动障碍（ADHD），从而带孩子到医院接受诊断治疗。

在曾找我做过整理咨询的客户里，有相当多的父母因为孩子没办法在书桌前久坐或个性散漫而无比担忧。注意力不足的孩子，因为对周边情况漫不经心，无论生活还是学业都会因此受到很大的影响。

以下这个例子可以看出环境的重要性。位于康涅狄格州纽黑文的一个小学，因邻近铁路，每当火车经过时都会听到相当嘈杂刺耳的噪声。校方对这样的情形相当忧心，于是针对靠近铁轨的一间教室的六年级学生，以及距离铁轨最远、完全不受火车噪声干扰的另一间教室的六年级学生，进行了学习效果调查。不出所料，结果出现了相当严重的差别。比起环境安静的学生，暴露在噪声环境下的学生学习效果竟然落后了一年左右，因此当地政府在学校周围设置了隔音墙。

此后，这两个班级的学习差距逐渐缩小。

也有其他类似的实验结果说明杂乱环境所造成的影响。前面提到的曾发表杂乱环境会使得冲动购物行为增加的实验团队进行了后续相关研究。他们将实验对象随机分配到三个房间：第一个是将办公用品（签字笔、白板笔、杯子等）散乱摆放在书桌上，报纸也随意乱丢的"杂乱房间"；第二个是将上述物品全部整理好的"整齐房间"；第三个则是空无一物的"空房间"。接着，针对进入每个房间的实验对象的瞬间反应力与注意力，进行"斯特鲁普实验"。这个实验是一项通过改变字体颜色，在字义相同与不同时，看看实验对象可以多么快速地正确说出字体颜色的测验。实验者向实验对象出示六十四道题目，并测验完成它们一共需要多少时间。研究结果显示，"杂乱房间"的实验对象在整体反应上比"整齐房间"与"空房间"的实验对象要缓慢。此外，在做完斯特鲁普实验后，再针对"实验后感到疲惫的程度"进行调查，"杂乱房间"的实验对象相较于另外两个房间的实验对象，更容易产生"精疲力尽""疲惫"等反应。

在怪孩子注意力不足之前，父母对于周遭环境掌握了多少呢？人类的感觉接受系统中，有70%的内容是由视觉所接收，因此眼睛看得到的东西，不可避免地对我们影响颇大。正因如此，房间越乱越是无法专注，既会使记忆力降低，也容易使人感到疲倦，并容易受到床的"诱惑"。如果孩子是初中生的话，最好让他们远离有电视的客厅，同时尊重孩子的隐私，给他们属于自己的房间；选择书桌位置时，也最好避免面对窗户的位置。坊间出版了类似"只要改变书桌位置，就可以改变孩子成绩"这种主题的书籍，也出现了专门打造读书环境的顾问一职，环境对于学习是多么重要的因素，由此可见一斑。

整理是创意

所谓的创意，一般是指打破基本的程序与传统，发掘新的东西，而我认为创意是指"解决问题的能力"。当现实生活中发生一些问题时，旁人脱口而出"这样做的话就可以了"，并简单轻松地解决问题，这就是我所谓的"创意"和"好点子"。遇到障碍时，有些人会感到束手无策而直接放弃，而有创意的人就会思考如何排除障碍，或是找出越过障碍的好方法。与其他人相比，这些人最大的特点就是懂得如何在头脑中将复杂的问题进行整理！

《非常简单》一书中提出了通过"最简化思考"的概念，用创意去解决问题的方法。所谓的"最简化思考"其实就是将复杂的情况简单化，把情况分为"其实不是什么大难题的小问题""我无法处理的问题""现在无法马上解决的问题"等。将现在发生的问题分类，并且把握问题的根源，可以排除一些不必要的干扰。在脑子里的整理过程，其实与空间整

理过程相当类似。

从现实层面来说，生活总是有很多变化，因此"灵活思考"也是创意的基础之一。有创意的人懂得根据不同情况安排适合自己的处理事情的顺序。以整理家庭为例，会整理的人不会盲目购买人气博主推荐的所有收纳工具，或是无条件地采纳书里出现的整理方法，他们知道根据自身情况，选择最符合当下情形的工具与最适合的方法；同时也会有"情况随时都有可能改变"的认识，不会执着于过程必须完美。这就是会整理的人的思考模式，而这样的灵活性也是培养出创意的要素。

相反，一个不会整理的人很容易执着于"过去"。一般人不会随便把东西丢掉的理由，主要就是出于对"如果以后反悔的话该怎么办"的恐惧。"丢掉"已经是发生的事情，但是因为害怕未来会后悔，反而变得束手束脚。有创意的人绝不会停留在过去，或者对过去的事情感到后悔。虽然实际上的确有可能发生再次需要已被丢弃物品的情况，但是有创意的人会把后悔的时间省下来，努力思考如何解决问题，这才是变通之道。

有创意的人之中也有不会整理的人

我们要明确一点，不是有创意的人就一定很会整理。一些研究结果显示，整理对于发展创意没有帮助，最具代表性的是美国明尼苏达大学的凯瑟琳·沃斯教授与她的团队所进行的研究。他们将学生分别留在"整齐房间"与"凌乱房间"里，给学生乒乓球，并询问这颗球有什么用途，再请两位对于实验完全不知情的评委对于学生的回答创意性进行评分。留在"凌乱房间"的学生的创意分数高出"整齐房间"的学生许多。现实生活中，像是苹果公司创始人史蒂夫·乔布斯、计算机科学家艾伦·图灵、发现抗生素的亚历山大·弗莱明、画家弗兰西斯·培根、小说家马克·吐温等，都是相当有创意的代表人物，可是据说他们的书桌都凌乱不堪。这么说来，究竟什么样的环境对小孩才是有益的呢？要培养孩子的创意，难道就得放着乱七八糟的家不管吗？

对于有这种困惑的人，我想说的是，凡事都要适当，不要强迫孩子，这会给他们造成压力。这同样也适用于成人。我曾遇到过对于各种整理方法与过程都要求完美，最后连开始整理都无法做到的人向我诉苦，这时我就会引用《什么都不能舍弃的人》当中的话语劝他：

> "我们不是要追求完美，而是想机智地应对那些妨碍家庭空间的乱七八糟的东西，让我们可以享受今后的生活。"

在我们的生命中，有时需要包容一下凌乱，而在需要整理的时候也可以轻易做到，这种生命的节奏与平衡才是我们所需要的。

我们不必杞人忧天，因为大部分孩子都在不同程度上有创造力，而且在进行创意性活动时，环境自然会变得乱七八糟。比如一个上班族专注工作时，桌上也会堆满各种资料、模型或工具，桌子显得十分凌乱；设计师的电脑桌面，总是存满了数以万计的素材；要煮出一桌美味晚餐，孤军奋战之下，厨房也是一片狼藉，洗碗池里也堆满了许多待洗的餐具。

小孩的天性就是"玩"，那在他们玩的时候又会是怎样的情况呢？孩子拿玩具玩、做做手工、画画图，其实都能激发他们的创造力，也能使他们保持专注。如果再给予他们自由的环境，对于他们的创意发展更是有着刺激的效果。当孩子在认真玩的时候，父母千万不要打断他们，更不要在一旁施加整理的压力，而是等他们不玩了或是玩到一个阶段时，再叫他们一起动手整理。整理不是为了追求完美，它是一种帮助自己达到期望和目的的手段与技术。前面所谈的整理是为了让孩子培养控制力、注意力，给他们在学习方面造成正向影响，进而引导他们做出正面行为；而要"培养创意"，也不必舍弃整理的习惯，这并不是鱼和熊掌不可兼得的问题。

整理时间形成强大的成就感

许多人都以为有创意的人因为拥有异于常人的天分，所以能随时提出好点子，或是不管任何时候都可以创造出各式各样的伟大作品。其实不然，莎士比亚最广为人知的作品，如《麦克白》《李尔王》《奥赛罗》等，最多不过十部，但是在他二十多年的创作生涯中，光是戏剧就写了三十七部，十四行诗也写了一百五十四首，其中也有几个作品被批评未达水准，更有许多相当平凡的作品。古典音乐领域也有类似的情况。伦敦交响乐团评选的世界五十大经典名曲中，有五首为莫扎特所作，四首是贝多芬的作品，巴赫也有三首。但是你知道吗，其实莫扎特毕生所作的曲子高达六百多首，贝多芬的作品也有六百五十首以上，而巴赫更写下了一千多首曲子。

由此可知，这些人为了留下伟大的作品，每天需要花费相当多的时间坚持不懈地创作。美国作家史蒂芬·金在《写作这回事：创作生涯回忆录》一书中曾提到，若要获得灵感，必须不停努力，并且写下了这段令人印象深刻的话："不要等待缪斯从天而降……你的工作就是要保证让缪斯知道，每天上午九点到中午，或者上午七点到下午三点你都会在。"

英国《每日邮报》曾刊登一系列相当有趣的"伟人的每日作息"主题报道，回顾世界各国伟人的每日作息时间表，发现他们每天都过着相当有规律的生活，每天会在固定的时段进行创作，并且会特地抽时间为创作做准备。贝多芬一天中有八个小时都在作曲；查尔斯·狄更斯每天吃完早餐后的五个小时都在练习写作；弗洛伊德也是每天花将近十个小时的时间进行患者咨询与分析，晚上则另外抽出两个半小时的时间来阅读或写作。规律的生活与持续不断的努力，让伟大的成果得以诞生并保留下来。

当今世界上最有名的富人比尔·盖茨，从小就从妈妈那里获得切实的时间管理教育。教师出身的母亲要求他将一周内要穿的衣服全都事先准备好，吃饭时间也要求有规律。他后来回忆说，从小养成有规律的生活习惯，对于他日后成为一个成功的企业家有着相当大的帮助。同时根据《有钱人的子女教育》一书中所说，比尔·盖茨的父母为了让孩子读书更加专注，平时禁止他们看电视，只有在周末才能收看，因此比尔·盖茨直至今日都不太看电视，而做任何事之前，他也会先有所规划再实行。从小养成的各种好习惯，可以让时间浪费降至最低。

　　千古流芳、创下丰功伟业的伟人和成功人士，普遍有着好习惯与规律的生活，他们的生活中所有东西都像有属于自

己的位置一样。他们每天把必须要做的重要事情，按照固定的时间范围，不偷懒地切实执行。这就像是把没用的杂物丢掉，把不重要、琐碎的杂事删掉，心里只想着自己要达成的重要事情，把它们填进自己的每日作息中，抓紧做每件真正重要的事情，一个都不放过。这才是培养创意的秘诀！

整理是知识管理法则

专门研究朝鲜时代朴趾源（号燕岩）以及丁若镛（号茶山）的郑明教授曾说过，十八世纪是韩国文化史中最具魅力且充满活力、生气勃勃的时代，这个时代的文人有着一个最大的共同特征，那就是有"整理癖"。

丁若铨（丁若镛的兄长）被流放到现在的黑山岛后，整理鱼类的各种资料，撰写了《兹山鱼谱》一书；曾被任命为朝鲜王朝右议政的李书九在年轻时曾养过鹦鹉，因此收集了许多与鹦鹉相关的各种资料，写了《绿鹦鹉经》一书；庶民出身、但因情操高洁而晋升官职的柳得恭，整理了关于老虎的许多故事，编写出《续白虎通》；李钰即使在被流放的路途上，也无法收起自己的好奇心，收集整理庆尚道的方言，而且还详细记录了沿途各地特产以及一些自身经历，让当时的风俗民情得以用文字流传下来；李德懋、朴齐家、白东秀三人共同所著的《武艺图谱通志》，更是一本参考了多达一百四十八种国内外武术书籍后编辑而成的武术教科书。

十八世纪朝鲜时代众多文人之中,首屈一指的学者当属丁若镛。郑寅普(知名历史学家)曾经评价丁若镛为"使用汉字以来,留下最多著作的大文学家";朝鲜时代的经学家金正喜也曾赞誉说:"丁若镛的文学世界太宽阔,造诣如此深厚,我岂敢冒昧评论他的文学。"丁若镛以近乎神奇又令人叹为观止的能力,收集了庞大资料,将之分类、编排后,留下了数百本著作。而且他也是技术专家、建筑专家、军事战略专家,还是个撰写了预防天花的系统性方法的医生。同时他也是个法学专家,收集编写了众多事例,让地方行政官们可以活用在法律判决上。不仅如此,他也写了逾两千首感人肺腑的诗,同时也是一位音乐家。丁若镛以如此多重的身份活跃于当时社会。

大家不觉得这简直太不可思议了吗?一个人怎么可能同时涉足多重领域呢?更令人吃惊的是,他不但涉足各个领域,竟然都取得了卓越的成就!郑珉教授解释说:"因为他懂得根据需求条件、符合要求来整理所有的资料,可以说是一位全方位的知识管理家。"该丢的就丢、按照需求来分类的整理习惯,促使丁若镛取得许多惊人成就,成为一位伟大不凡的学者。而他是如何将分散的零碎知识整理学习的呢?丁若镛曾经这么说过:

"根据类型分门别类。如此一来,才能在混乱中显现出秩序，让原本看不到的，开始一一出现。要找出那看不见的秩序，就不可以漫不经心，必须要集中才行；就不可以分散，要聚集才行。支离破碎、各自突击，这是无法战胜敌人的。"

丁若镛的知识管理法与整理法可以说是同出一脉：将其分类，找出各自的本质（目的），丢掉不需要的东西，找出藏在其中的秩序。换句话说，所谓的秩序就是指"对我而言必要的东西，依照使用的便利性整齐地放好"。如同整理空间一样，收集所有的情报并且分门别类、简单概括资讯之后，再重新编排、编辑，以利使用。这不正是如今这个提倡活到老学到老、各种资讯爆炸的信息化时代中最需要的知识管理法则吗？

如何让孩子成为一个会整理的人?

不想再为了整理而争吵的父母

父母对孩子唠叨以后,虽然终究会起身整理,可是等到孩子进入了青春期——这是个对所有事情都会变得敏感的时期——因为担心会让彼此的关系变差,这时候的父母连说话都得小心翼翼。父母心里想着孩子"长大懂事了之后,就会自己懂得整理了",结果看到孩子成了大学生、上班族之后,还是个只会制造脏乱、不知道如何整理的模样,一把无名火在内心燃烧,这是现代社会中常见的情形。在整理讲座结束之后的问答时间,家长们像是期待已久似的,常常向我倾诉因为整理问题而和子女发生的种种不愉快。他们的烦恼大致可以归类为下列几种情形:

❈ 孩子把家里弄得乱七八糟,但绝对不会动手整理
❈ 没办法不对孩子唠叨,因为要带去学校的东西总是要等父母问了才说,而且还要帮他们准备
❈ 作业常常没带回家,也常常忘记写
❈ 学业已经够忙了,还要把时间浪费在找东西上

❖ 联络簿没有好好抄写，家庭通知单也总是遗失不见

父母与孩子之间永无止尽的"整理"战争究竟是什么原因造成的呢？

因整理引发冲突的原因

因整理造成彼此冲突的原因，有以下四点。这些都是家长们最容易犯错的方面，也是许多家长面对孩子及整理问题时存在的最典型的误会。请试着回想，看看自己身上是否也曾发生过这些情形。

1.认为孩子自己没办法收拾

大部分的妈妈觉得孩子还太小，不懂得如何整理，所以觉得当然要由自己来整理。可是她们因为一天反复整理而感到疲惫不堪，或是被家务与照顾孩子束缚住而感到力不从心、煎熬万分时，就会忍不住生气，想着"为什么经常整理的人就得一直整理"。可是孩子连妈妈为什么生气都不知道，只知道妈妈生气的样子真可怕，还有就是自己又得挨骂了。

整理并不是一件孩子长大了就可以自然领悟的事情，而且随着孩子的年纪增长，父母开始唠叨孩子，要求他们自己去整理时，反而会让孩子产生"以前每次都是妈妈在整理，

也没讲过什么，为什么现在就要我弄"的想法。因此，父母应该及早开始教导孩子自己的东西和空间都应该由自己负责。小孩子过了周岁之后，东西放在家里的什么地方，其实他们都知道，也清楚该从哪里拿、该放回哪里。父母没有试着教他们，就凭直觉认定孩子还小，没办法整理，这是许多父母最大的错觉。俗话说："信任，决定孩子成长的程度。"

2. 没办法整理的家

有一次，我曾到某教授家里进行整理咨询。咨询结束后，我在回家的路上接到教授的电话："老师，我女儿自己动手整理了！"他的声音似乎有点哽咽，因为这是他第一次看到孩子自己整理的模样，就像看到正在学走路的孩子自己踏出坚实的第一步那般令人感动。

整理是将使用过的物品，放回它原有的位置。如果孩子在幼儿园时整理做得很好，但在家里却只会乱放的话，原因就相当明显——在幼儿园里，每个物品都有专属的位置，可是一旦回到家里，家中的物品并没有专属位置可以放。只不过大部分父母都以为是小孩不知道怎么整理，或者只是催促着孩子"把东西处理好"，却没有想过其实是因为家里从一开始就是一个没办法整理的状态。

3. 希望孩子能够整理得很完美

父母总是希望孩子可以完美地整理，对于整理的本质的误会也就越深。所谓的整理，是一种手段、方法，不可以是一个目的。特别是年纪越小的孩子，手部肌肉尚未发育完全，眼睛和手的协调性也还未发展完全，当孩子在操作东西或执行动作时，有些精细动作对他们来说本来就较为困难。

所以期待孩子像大人一样完美地整理，对孩子来说就变成了唠叨，限制了孩子每一个行动，而且越是这样要求，孩子就会对整理越是反感。这样的情绪渐渐累积，最后孩子只有为了得到爸妈的称赞或是不想挨骂时才会整理。想让孩子自己整理，最重要的是要让孩子在整理时可以感受到整理的好处，这才会成为他们内在的动力，才会增加整理的持续力。现在开始降低你的期待，学会等待吧！所谓的整理，就像是演奏乐器、搞运动一样，是不断练习才会进步的一门技术，千万别企图一步登天，这是只要耐心等待，就能够渐渐获得解决和改善的事情。

4. 每个孩子的性格与风格都不同

日本整理咨询专家铃木奈穗子有两个孩子，一男一女，分别为右脑思维型与左脑思维型，所以她在教孩子整理方法时，也会依据各自的性格给予不同的指导。右脑思维型的儿子直觉性强、偏重于图像思维、较容易掌握整体性，所以常常有下意识做出一些行动的倾向。因此，她在教儿子时，把重点放在可以让孩子通过直觉去思考就能轻松完成整理的方式上。比方说，使用东西可以随意放入的收纳箱，或是活用不同颜色的资料夹，用一些照片、插图来制作标签。物品摆放的位置也要询问孩子认为最方便收纳的地方在哪里，叫他整理时也要感性地说："如果你把东西整理收好的话，妈妈会很开心！"

相反的，左脑思维型的女儿因为语言能力较强，所以较擅长做具有逻辑性、反复性的事情，因此在女儿房间里，她利用小隔板或是小的箱子，根据不同类别来分类收纳，标签也用文字标记。叫她收拾时，不同于儿子需要的感性诉求，而是用理性的方式说："可以去找五个已经不玩的玩具来吗？""想要以后容易找到的话，就要把东西放回原来的位置。"

孩子的物品，使用者就是孩子。也就是说，物品的主人就是"孩子"本身，所以整理的基本概念，必须得按照使用者的习惯，以使用起来最方便、最顺手的方式去整理才行。

不会整理是遗传吗？

我至今难忘发生在玄正美顾问做整理指导的客户J身上的小故事。

"老师，拜托你不要整理得太完美！"

询问缘由之后，我们听到了意想不到的故事。原来，因为整理的问题，客户J面临离婚危机。让我们来看看这个故事。

客户J在生孩子之前，大部分家务本来都是由老公负责。但是生了孩子之后，随着东西越积越多，老公下班回到家后，就躲进房间里不出来，夫妻吵架的频率增加。结果在一次激烈争吵下，老公脱口而出"离婚"二字。

"你知道我之前阻止了什么可怕的事情发生吗？孩子把你乱放的发夹放到嘴巴里，而我竟然只是呆呆看着，什么也没做，想着就让小孩把发夹吞下去吧，这样你就会有所警惕，就会开始整理了吧。但是，我马上清醒过来，想着刚刚自己在发什么神经，这才赶快把发夹从小孩嘴里拿出来。你知道我那时候有多么自责难过吗？我真的没有办法再忍受下去了！"

老公把所有不满与争执的原因全都归结到"整理问题"上。听到这样的说法后，我们似乎就能理解老公总是待在自己房间不出来的理由，因为全家只有老公的房间是干净整齐的。客户J环顾四周，家里已经乱到不知道要从哪里开始整理、该如何整理，对家中呈现的凌乱无比的状态她已经束手无策了。后来她才想到曾在电视上看到过的"整理咨询顾问"。

"老师，其实我妈妈也很不会整理，可能我也遗传了，对吧？我能学会怎么整理吗？"

玄正美顾问轻轻拍着泪眼婆婆的客户的肩膀，告诉她，整理也是需要学习的，只要经过学习，不论是谁都可以变得

很会整理,试着用安慰给她一些希望。

当然,整理并不是一件自然而然就能轻松上手的事情,跟血型、基因这些先天性因素不同。我也不是一开始就很会整理,而目前在职的整理咨询人员当中,从小就很会整理的人甚至连 10% 都不到。整理是学来的,就像生平第一次学着怎么使用手机一样,一开始虽然觉得陌生、不顺手,但从最必要、最基本的步骤开始,一点一点慢慢学习,不用太久的时间,不顺手的感觉消失了,如同现在即使不看键盘也可以打字一样,整理也是会变得上手的。

因此在《改变人生的 15 分钟超级整理术》一书出版之后,许多读者反映这是他们生平第一次真正学会"整理"这件事。整理是一件让许多人感到好奇却无法真正了解的事,学校没有教过,自己也从来没有学过。许多人原本怀着"整理到底该怎么做"的疑问,在看过书后,犹如久旱逢甘霖一样。通过一本书,对于整理这件事有了全新体验的读者们,将从书中所学的方法实际运用到生活中。如果他们还想知道更多资讯,就会购买其他指导整理的书来看,或者加入"整理之力"社区、参加许多活动,渐渐从整理入门级,进阶到初级、中级,最后一路晋升成整理高手,在此过程中不断提升自己的整理能力。整理就是这种只要去学习就会变得很棒的简单习惯。

再回头看看我们那位面临离婚危机的客户,她之后究竟变得如何呢?玄正美顾问后来从快递那里收到了她寄来的一封信及一份小礼物。

"老师！我先生好像发现了，但是看我维持得很好，所以好像也就假装不知道的样子。现在，我先生不再把自己关在房间里，会出来陪孩子一起玩了，我们的关系也改善了许多。最令我开心的是，我真的好喜欢我自己整理出来的空间。真的由衷地感谢！"

父母以身作则，孩子也会整理

某天，"整理之力"社区里出现了以《令人震惊！整理孩子的书桌，突然发现这个……》为标题的文章。昵称为"三宝妈"的成员，某天在整理孩子书桌时，无意间发现上小学二年级的女儿的日记，并对日记中的一页内容惊讶不已。

"如果家里有点乱，就要立刻整理。有一个东西的时候，如果不马上整理，就会产生第二个，第二个也不整理的话，会有第三个，第三个也不整理的话，就有第四个，第四个还不整理的话，就有第五个。这样继续下去，以后就要辛苦地弯腰去整理了。"

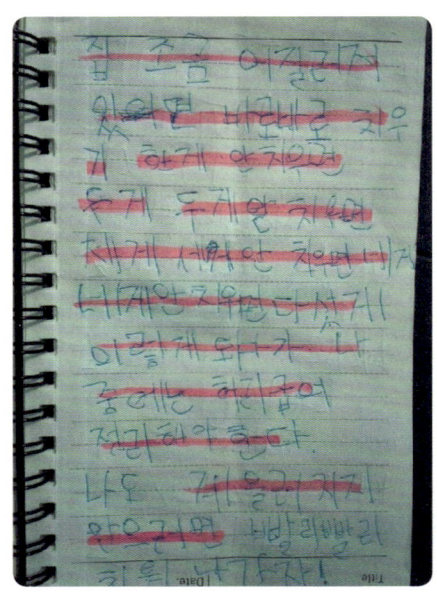

跟着妈妈一起整理的女儿在日记中将自己对整理的想法写了下来

"三宝妈"是一年前才加入这个网络社区,开始投身于整理家务的成员。她的孩子看着妈妈整理的模样,也开始对整理产生了兴趣,有时候也会帮忙一起整理,或是自己努力整理,于是孩子将自己领悟出的道理,悄悄地写在日记中。

我也被孩子写下的这些文字所感动。即使是小事,如果不即时处理的话,许多小事聚集在一起之后,就会变成大事,最后就得付出更多心力去处理才行。一个才小学二年级的孩子就能领悟到有关"空间整理"与"时间管理"的真理,这是多么难能可贵的事啊!

还有一个例子。好长一段时间,因为不懂整理的方法而只能在凌乱环境中养育孩子的昵称为"韩松妈"的成员，在整理家庭之后，将孩子的变化称之为"整理的魔法"。

"我真的有好长一段时间把小孩养在一个像猪窝一样的地方，每次有人来到家里都会问：家里东西怎么这么多？就算找了专人来家里打扫整理，干净整齐的状态也没办法维持很久。我心里也总是想要生活在一个干净舒适的环境，可是我真的不知道该怎么整理。就算去朋友家中学了几招不错的收纳方法，或是从网络上搜寻整理技巧，但是当我回到家里实际操作后，那些方法就不管用了。后来偶然翻到指导整理的书，了解该丢的要舍弃。于是，我真的每天都在清理一些东西。

开始这样做之后，家里最大的变化就是孩子的改变。我九岁的儿子，以前不管怎么叫他去打扫整理都不为所动，前两天他竟然开始主动打扫起自己的房间了！睡觉前也会把自己的被子整齐地铺好，并且把书桌整理得干干净净，什么杂物都没有，甚至还会用抹布擦一遍。以前如果叫他学习，总是得把桌上的杂物随便推到一旁才有空位。今天睡觉前，看了一眼孩子的房间，真是把我吓了一大跳！因为我根本没叫他整理，但他已经把房间打扫得干干净净。果然育儿的正道，就是父母要以身作则！因为我改变了，所以孩子也开始改变，真的就像施了魔法一样！"

在"整理之力"社区里,曾经针对家里没办法整理干净的理由做过一个调查,获得压倒性第一名的理由就是"因为孩子总是搞得一团乱"。我大部分的学生或是整理咨询的客户,总是发牢骚说是因为孩子才没办法好好整理。但是到目前为止,回顾许多案例,孩子不整理的理由都是因为他们对于整齐的空间没有实际体验,所以他们当然学不会怎么整理。

"孩子就是父母的镜子。"这句话用在这里真是太贴切了。

父母在日常生活中就是孩子的典范,而孩子则反映出父母在生活中真实的模样。也就是说,孩子会觉得"生活方式就是要那样才对"。所以要想把孩子教好,父母先要以身作则。特别是因为整理的成效可以立刻就被看见,所以有些人就会用"魔法""奇迹"等字眼去形容。如果觉得自己的孩子只会弄乱,不懂得整理,请你试着想一想:自己很会整理吗?是不是一拖再拖、拖到不能再拖的时候,才会动手整理呢?如果父母不会整理的话,孩子不会整理也是再自然不过的事了!若是父母都不会整理,却要求孩子好好整理或因此责怪孩子,这是毫无意义的做法。

以后孩子对我们家会有怎样的记忆呢?

如果孩子在很会整理的父母的羽翼下长大,又将如何呢?

昵称为"兴趣就是整理"的成员表示,她的父母从以前就坚持每天倒垃圾、打扫、收拾，将整理变成生活的一部分。小时候，她妈妈总是一边打扫家里，一边念叨"为什么我们的小孩跟我们一点也不像"；也记得以前总是因为怕弄乱家里，不敢常常带朋友回家玩；如果头发掉到地上，也常常会被父母念叨，总是觉得很烦、很讨厌。

结婚后，她觉得生活终于自由了，但是每当妈妈一来家里，就会从玄关开始唠叨，于是她加入了"整理之力"。开始努力整理家务后，她第一次从妈妈嘴里听到了称赞："哇！发生什么事啦？家里怎么这么干净！我女儿很会做家务呢！"因为得到了妈妈的认可，她才领悟到一件以前和父母一同生活时从未想过的事情：

> "想想结婚以前，娘家的环境真的很棒！家里的空气总是相当流通，也充满着香气，家具上更不可能有灰尘堆积在上面。温暖的阳光洒进客厅里，盆栽也都长得翠绿漂亮。即使现在回想起娘家的景象，脸上都会不自觉地挂上微笑。虽然每天都会被爸妈唠叨，也常常被数落指责，但是我真的很喜欢这样整洁舒适的家。现在的家也渐渐变得跟我娘家差不多了吧？希望我的孩子未来想起和父母一起生活的有关这个家的景象时，也会跟我一样充满微笑，那就太好了。"

将来孩子长大了，你希望他对家里有着什么样的记忆呢？所有孩子都喜欢收纳整齐、明亮舒适的家，这样的体验，就是从父母那里获得的最大财富。

小贴士

要求孩子整理时的有效对话方法，"我一信息"（I-Message）

所谓的"我一信息"是由亲子教育专家托马斯·戈登博士所创的用语，使用主词为"我"，让这个感觉的责任对象为自己，它是把对这个感觉的责任对象，从对方角色中排除，同时还可以坦诚地表现出自己真实感受；表现的形式为"情况（对象的行动）—结果（对我造成的影响）"。要说明"情况"时，不可以使用责怪对方或批评对方价值观的用语，必须依照看到、听到的情况，客观地描述，然后说出这个"结果"对"我"造成的正面或负面的影响。依照自己的感觉，正确使用情感言语去描述会更有帮助。使用"我一信息"对话法时，父母要将自己的感受诚实地告诉孩子，让孩子明白本身的错误行动。因为不是贬低、命令、威胁孩子，所以对父母或孩子而言都是很好的沟通方法。通过以下的例子可以更深入了解。

"你一从学校回来就把客厅弄乱。妈妈觉得很不开心，妈妈辛苦地打扫了一整天，真的很伤心。"

听到关于自己的行动造成其他人不愉快的事实，心情不可能会好到哪里去，所以孩子有各种无视父母使用"我—信息"对话法的情况发生。如果对第一次的"我—信息"对话法毫无反应的话，可以加强第二次的力道，明确、清楚、用力地传达。这时，孩子的反应可能会是"妈妈太啰唆、太爱干净了"。这时候该怎么办呢？生气地自我防卫，气冲冲地说"才不是这样！""你现在在跟我顶嘴啊！"，像这样做都是行不通的。

要像以下的情景一样，积极聆听孩子说话（把孩子说的话重复再说一次）。孩子看到父母用理解、包容的态度，就会打开心门，也就渐渐理解父母的心情。

"觉得我太爱干净了吗？"

"嗯。"

"也许是这样吧。但是因为看到客厅被弄乱，我一整天的辛苦都白费了，所以内心觉得很受伤啊。"

"我—信息"对话法可以在父母和孩子有冲突或产生问题时，作为有效的沟通方式，在诸如称赞这类正向的情感表现上也可以使用。

父母传授给我们的生活技术——整理

课本里学不到的整理教育

你曾经学过整理的方法吗?或者你想过整理可能也需要教吗?

关于整理,我想要传达给大家的资讯可是多到要创办一个整理学校或是整理学系的程度。在许多聚会或是教育讲座中遇到的很多教师,通过我的书学习到整理技巧之后,也致力于教导孩子们如何整理。每每听到这些经验分享,我感到十分开心,也非常感谢他们。其中,最令我印象深刻的是住在仁川的崔龙宪老师的例子。

从教十余年、总是苦恼"要怎么做才能让孩子们把书读得更好"的他注意到,那些功课不好的孩子,通常储物柜、书桌、抽屉、书包也都呈现出"没有整理"的现象。虽然功课好的学生之中,也有几个不太会整理的学生,但是功课不好的学生,在整理收纳方面往往也是乱七八糟的。某天,他偶然间读了《改变人生的15分钟超级整理术》,就有了一个特别的点子，于是下定决心要好好教导孩子如何整理。

首先，他在教科书中仔细寻找与指导整理相关的内容，幸好在五、六年级的综合活动课本里，发现了大约两页的内容。篇幅已经够少了，关于整理的教学内容更是令人失望，课文内容以"维持舒适的居住环境，须彻底实践并了解正确的整理方法与清洁方法"开头，充斥着模糊不清的表达。

- 东西使用过后要放回原位
- 要把书桌及抽屉整理干净
- 脱下的衣服要叠好
- 打扫自己的房间

看到这样的内容，他脑海里出现的下一个念头是"该怎么做"，但是却没有出现任何有关"整理"的概念。因此，他把从书中学到的内容提炼出来，亲身体验尝试，把自己觉得有用的方法拿来教导学生如何整理。

- 把不需要的东西丢掉，或是送给需要的人
- 把种类相同的放在一起
- 尽可能不要平放堆叠，而是把东西垂直摆放

这些整理经验和教科书里的内容一比，你觉得如何呢？这不正是教科书里所谓的"正确的整理方法"吗？崔老师的

努力还不止如此呢！在导师时间，他还会要学生把储物柜打开，一个一个检查。只不过这样做比预想的还要花更多的时间，等他把全部学生的储物柜检查完以后，导师时间不仅早就结束了，而且还延误了很久，因而让学生们抱怨连连。

"成绩不好的孩子大多也不会整理，他们常常不写作业，叫他们带来学校的东西也不带。所以，我就先从这些不写作业、不带东西来学校的孩子开始入手，督促他们整理自己的空间。"

如果孩子没有写作业或是没有带该带的东西来学校，崔老师就会叫他去整理自己的储物柜、书桌、抽屉和书包，以此代替其他惩罚。如此一来，既可达到整理的目的，同时也可以解决因为没整理而产生的问题。当然，对其他的孩子，崔老师不给他们布置其他作业，而是发整理确认表，让他们的父母确认后并签名。

〰〰（左）储物柜乱七八糟的孩子，通常也不会好好准备上课需要的东西
〰〰（右）上课时所需的教材与物品被整理好的样子

★整理方法与顺序

1. 处理不需要的物品（丢掉或是送给需要的人）。
2. 把种类相同的放在一起。
3. 尽可能不要平放堆叠，而是把东西以竖直的方式摆放。

如果孩子整理得很好的话，请在下方空白处依照括号内的内容填写。
（×××做到了好好整理自己的房间和物品！ ×××爸妈）

艺俊做到了好好整理自己的房间和物品！吴艺俊爸妈 0414

向父母确认孩子周末是否也做到了好好整理

"×××做到了好好整理自己的房间和物品！×××爸妈"

不知不觉间，孩子不再觉得整理是个任务、惩罚，很自然地开始主动整理自己的储物柜、书桌、抽屉、书包。忘记带课本和物品的学生也减少了。虽然整理对成绩会有怎样的影响仍有待观察，但是崔老师相当有信心，因为孩子们对上课的态度改变了，对未来的学习一定会产生好的影响。况且崔老师自己也是成年之后才真正学会整理，孩子们在小学时就学到了，整理给生活带来的益处从现在开始将会像蝴蝶效应一般蔓延开来，继续影响着他们未来的人生。

崔老师的整理教育虽然不是教科书里的内容，但他往后也会持续下去。

传授整理技巧的根本原因

整理对于学习有着明显的正向影响，我们姑且跳过学习层面，就教育子女层面来看，这才是整理真正的目的。

父母总是担心自己的孩子"在这个残酷的世界里，如果没有办法靠自己的力量战胜困难，该如何是好"。大部分的父母都期待自己的孩子可以考上好大学，之后进大企业工作，这样就可以扬眉吐气，向他人炫耀：我的孩子可是人生赢家！他们也因此成为"怪兽家长""虎爸""虎妈""直升机父母"——为了提升孩子的成绩、学历，不管在时间或金钱上，都毫无保留地给予最大的支持。

但问题是，好成绩和好大学并无法保障孩子拥有美好的未来，因为即使是从一流大学毕业的人，如今都面临着就业困难；就连过去那些就业稳定性高的专业人士，也在巨大的竞争环境下，成为如果不想出一条生路就可能面临淘汰危机的群体。有些人成年后因为无法适应社会生活，也无法在经济上独立，只好继续活在父母的帮助之下，成为"啃老族"或"袋鼠族"。

透过一个调查结果，我们可以彻底感受到现今的社会状态。韩国保健福祉部在2016年针对全国五千多名成年人进行实际调查。根据调查结果，每四名成年人中就有一名饱受精神疾病困扰；特别是二十多岁的群体，面临抑郁问题的危险程度是六十多岁的群体的五倍，感到不安的危险程度也在两倍以上，酒精、尼古丁中毒的危险程度也高四倍。二十多岁的年轻人，才刚迈上成为成年人的道路，竟然在成年初期，精神健康就马上亮起了红灯。

在日益复杂且难以预料的未来社会中，我们的孩子真正需要的或许不是优秀的成绩或是进入大企业工作，他们真正需要的说不定是"在世界上的生存法则"或"身为成年人的独立法则"。要教给孩子这些方法，并没有比找补习班、请家教、收集升学相关资料来得轻松简单，但是请别担心，只要教会孩子整理就可以了。整理，是可以让孩子掌握自己人生的一门重要生活技术。

整理是社会生活的基本技能

某天，"整理之力"社区里出现了一篇名为《靠着整理收纳，进入了梦想中的公司》的文章。那是一位昵称为"江小球"的成员所写的，她是即将从大学毕业、准备就业的职场新人，因在简历的"兴趣及专长"栏填写了"整理收拾"，她顺利地被梦寐以求的公司录取。面试时，其中一位主考官说："我一直以为现在的年轻人对整理一点兴趣都没有，不想去整理，也不会整理。但是，看到你的简历我还挺惊讶的。""江小球"的就业成功小故事并没有就此结束。她一进公司，马上就以"整理达人"的头衔成为新员工中的风云人物，员工的桌子、茶水间、资料仓库等公司内部需要整理的地方，都由她积极地参与和主导。这段日子以来的贡献受到了大家认可，因此在公司内部举办的环境改善发布会中，她获得了优秀奖。社区里的成员们看到她的成功小故事，也真心为她在社会生活中踏出成功的第一步感到开心。

听完"江小球"的故事后，让我想到了韩剧《未生》里的两位主角：其中一位是条件相当出色，一路接受精英教育而进入公司，成为正式员工的张百基；另一位则是原本梦想成为职业围棋选手，后来遭遇挫败而沦为打工一族，辗转进入公司成为临聘人员的张克莱。两个年轻人一开始踏入社会生活的方式截然不同。张百基只追求那些可以展现成果的大事，对于小失误或是一些基本的东西都忽视；相反的，即使是小事，张克莱也非常认真去面对，切实遵循基本规则。张百基的上司看到张克莱的做法，只用了一句话评价：

"他虽然不知道正确答案是什么，但却是个懂得寻找答案的人。"

步入社会，就如同进入一个需要解决复杂问题的现场。一直以来只知道拼命准备考试或追求累积学习经历的孩子，虽然非常擅长找出试题的正确答案，但是在必须解决存在于现实生活中的各式各样的问题时，就会感到束手无策且充满无力感。但是，如果是一个对于毫不起眼的事情也能耐心了解它所拥有的价值的人，就会忠于事情的基本面；习惯解决现实中的问题的人，善于掌握问题的本质，总是有耐心不断思索、寻求解答。

小时候，我总是和家人一起打扫、一起整理，对我而言那是再自然不过的事情。但是，现在的孩子会觉得整理是父母的事；直到孩子们独立居住或是结婚后搬出来组建新家庭，才不得不自己动手整理家务。公司的管理层看到现今年轻人对于整理毫不关心的模样，感到相当忧虑，正因为如此，才会树立"回归基本层面"的经营原则。整理是整合既有资源以达到自己所要效果的一连串行为。同时，整理是忠于基本面的力量，也是养成减少失误或错误操作等习惯的力量。因此，一个擅长整理的孩子，将来进入社会后必定具备成功适应社会环境的基本能力，同时也会成为一个可以创造成果、拥有丰富内在的人。"整理"成为兴趣及专长的时代即将来临。

整理是最好的经济教育

在这个高物价的经济时代，现代人每天都会觉得自己全身上下的每个细胞越来越辛苦，生活逐渐变得艰辛。年轻人不是被贴上"八十八万韩元一代"的标签，就是只能以待业者、临聘人员的身份在社会中求生存。许多父母最为期待的，就是子女能有个稳定的经济生活。但是，现在许多新闻报道指出，比起赚很多的钱，支出管控才是更有效的生存策略。

支出管控的重要性并非是最近才提出来的，它是一直以来存在于理财书籍中的不可或缺的内容。在子女教育方面相当卓越的犹太人，他们最为人称道的就是从小开始实践合理支出的经济教育。

最具代表性的例子，就是石油大亨约翰·洛克菲勒的故事了。他的母亲是位德裔犹太人，每个礼拜给孩子们发一次零用钱，并且要求他们在收支本上正确记录每一笔收支，同时在使用零用钱时必须尽可能遵守下列原则：三分之一自由支配，三分之一必须存起来，剩下的三分之一要拿来做慈善。不仅如此，好好遵守零用钱使用规定的孩子，下个月会多得到5%的零用钱作为奖励；没有存钱或是捐款的孩子，下个月则会被扣除零用钱的5%当作惩罚。

使用收支本记录每笔收支，是广为人知的经济教育的基础。除此之外，难道没有其他方法可以让孩子在生活中自然而然地养成合理消费、分享与捐助的习惯吗？不妨让孩子一同参与整理吧！他们做着做着，自然就会建立起经济观念，也就能慢慢学会合理支出了。

昵称为"甜蜜日子"的社区成员有个上小学六年级的女儿，平时的兴趣是收集漂亮的东西，会通过视频网站介绍自己收集的东西，并且与其他人进行交易。看着女儿的东西越堆越多，渐渐感到不开心的她在听到女儿又想买个漂亮的文具盒时，提出了一个建议。

"只要你把二十个不用的东西丢掉，我就买新的文具盒给你。"

女儿虽然看起来相当苦恼，但或许因为新东西更具吸引力，女儿开始从没那么喜欢的东西中逐个挑选，挑出来的东西几乎装满了一个箱子，所以她也决定要遵守诺言买文具盒给女儿。可是就在此时，令人意想不到的事情发生了，女儿拒绝了，并且说："妈妈，其实这个东西也不是必需的，而且买了以后，抽屉又要被塞满了，我很喜欢现在这样宽敞的空间。"

也许是因为孩子一边整理不用的东西，一边也产生了"就算买了新的东西，过一阵子是不是又会丢掉"的想法，而自己也不知道对新东西究竟是"需要"还是"想要"。当孩子仔细思考是否真的那么强烈渴求那个文具盒、重新判断其价值后，这才发现，其实抽屉里空间的价值对她来说更为重要。整理不仅可以阻止冲动购物，还能让人回头思考物品真正的价值。

参加跳蚤市场，对孩子来说是相当宝贵的经验。昵称为"踮脚尖"的社区成员与孩子们一起参加了星期六举办的跳蚤市场。这是一个长期营运、以孩子为中心的市集，平时孩子整理东西后把要卖的东西全放到箱子里，再拿到跳蚤市场里售卖。虽然是为了孩子她才参加跳蚤市场，但她从中也有所体会。"买东西时，一定要深思熟虑，确认自己真的喜欢才能买。"孩子似乎也是一样。一开始参加跳蚤市场时，也会去其他摊位买东西；但是在参加过两三次后，就不太去逛其他摊位了。有一次，她在跳蚤市场里环顾四周的摊位，想着这次要买什么的时候，孩子悄悄走来对她说："妈妈，你想要买什么？不是要简单生活吗？"

将用不到的东西整理出来，把这些原本用较贵的价格购入的东西以低廉的价格卖出，把这些用不到的东西换成现金，再把换来的现金用在经过深思熟虑后决定购买的必要物品上，这才是活生生的经济教育啊！不仅如此，当在家里整理这些闲置在一旁的东西时，清理的东西像是永无止境，这样的情形，让人不禁意识到我们曾经多么冲动地购买了那么多不必要的东西！

整理，不仅仅局限于经济教育。当你开始整理购物袋或是箱子时，才发现在超市里随手拿了不少塑料袋之类的包装材料，一开始通常觉得没什么大不了的，但是这些东西一点一滴累积之后，也逐渐令人在意。因为在丢掉这些用不到的东西时，也会忍不住扩大思考范围，想到当人们在制造物品时，会使大自然与环境受到毁损。整理的意义，这时已经从经济教育扩大到环境教育层面了。

用整理打造体贴的孩子

给大家说一个小学五年级时关于整理的个人经历。有一天课间休息，我看到教室后方的垃圾桶倒了，里面的垃圾洒了一地，于是我就主动把垃圾桶扶正，也把地上的垃圾重新捡起来丢回垃圾桶里。等到下一节课上课时，老师把我叫起来，对我说："有同学看到你把垃圾桶扶正，还把垃圾都整理好。"接着，老师对着班上同学说："谢谢善铉给我们一个舒服又干净的读书环境,让我们为善铉鼓掌。"当时的我是一个话很少、很害羞的孩子,因为这次的契机,使我和班上的同学变得更加亲近。

刹那间,我第一次领悟到原来整理竟然可以带给其他人快乐。虽然整理基本上是为了自己,但是也可以扩大范围,成为对他人的体贴。以前在公司上班时,常常听到:"这是尹代理整理的吧?托你的福,让我找到了需要的东西。""感谢尹组长帮忙整理,让我可以轻易掌握重点。"而在我开始从事收费咨询服务后,也会从客户那里听到:"真的是辛苦你了,非常感谢你。"客户有时也会发短信或是赠送礼物,来表达他们的感谢。许多"整理之力"社区里的成员在开始执行整理方案后,一开始从家人那里获到感谢,之后去朋友家帮忙整理收拾,也让朋友感到十分高兴。看到类似这样的留言分享,总是让我不禁面露微笑。

让孩子养成整理的习惯吧!如果养成整理的习惯,自然而然就会对空间或是物品产生观察力,也会开始对存在于空间中的人或者使用物品的人产生兴趣与关心。不仅如此,我们还可以感受到自己小小的举动也可以给其他人带来快乐,通过如此美妙的体验,让自己知道自己拥有被爱的价值,也会发现自己的存在是十分重要的。

看到这里,你清楚地了解我们必须从现在开始就教导孩子整理的理由了吗?那些认为"用来教孩子整理的时间,倒不如拿来念书"的想法应该消失了吧?如果你希望孩子能够成为掌握自己人生的真正主人,又或是期望在遥远的未来,他能成为一个优秀的人,在社会中可以活得堂堂正正、独立又自主,那么现在就是教导他整理的最好时机。

清单 孩子们整理到什么程度了呢?

空间

☐ 总是父母帮忙整理,只知道弄乱,不懂得整理。
☐ 常常忘记该带去学校的东西:笔记本、课本、家庭通知单。
☐ 只知道吵着要买新东西,家里有很多不用的东西。
☐ 没办法立刻找到需要的物品。
☐ 没办法丢掉小时候拥有的物品。
☐ 需要东西的时候,频繁向妈妈求助。
☐ 书桌上堆满了与学习无关的东西,或是根本就乱七八糟。
☐ 即使垃圾掉在房间地板上,也不会顺手把它清理掉。
☐ 换下的衣服不会放到洗衣篮里,而是随手乱丢。
☐ 不帮忙打扫,或者根本不会打扫。

时间

☐ 回家后不会马上洗手或是换衣服。
☐ 睡觉及起床时间不规律。
☐ 饭菜做好时不会马上吃,要唠叨很久才来吃。
☐ 去学校或补习班常常迟到。

☐在提醒他之前，不会自己收拾作业或要带的东西。
☐寒暑假的生活计划表只是空头支票，完全不会遵守。
☐没办法在书桌前集中精神坐一个小时以上。
☐从没在老师上课之前就把作业、练习题通通写完。
☐在妈妈不知情的情况下从补习班旷课，或者常常喊着不想去上补习班。
☐经常看电视，或是沉迷于玩手机。

人际关系
☐喜欢玩电游，同时喜欢窝在家中一个人玩。
☐虽然跟朋友好像关系很好，但是嘴里总是抱怨朋友。
☐如果没有妈妈或是朋友的帮忙，很难交到朋友。
☐觉得一定要跟全部的朋友都很要好才行。
☐对于朋友的意见或是反应，会受到很大的影响。
☐有时会对长辈不礼貌。
☐和朋友常常吵架。
☐和朋友吵架后，不知道该怎么做才能和好。
☐没办法拒绝朋友的请托。
☐有时不听或是完全无视父母的话。

20 个以上：新生儿型

要整理的东西太多了，对于要从什么方面入手教孩子，觉得头大？那就从一起清掉孩子房里不用的东西开始吧！

15～19 个：学步型

必须要反复叫孩子去整理，他才会很痛苦地假装整理一下。那就先从每天固定时间一起整理，看看效果怎么样吧！

10～14 个：潜力型

孩子会自己好好整理的可能性颇高，如果可以根据孩子眼睛看得到的高度来做整理，帮他养成规律的好习惯，相信你的孩子可以做得更好！

6～9 个：精英型

对空间、时间、人际关系中最弱的环节稍加补强，马上就可以晋升为整理优等生啦！如果孩子在某方面感到特别困难的话，父母可以适时给予协助。

5 个以下：优等生型

孩子已经是掌握自己人生的真正主人了，请继续在他身旁给予关心、鼓励和支持，孩子会把自己的事情安排得更好！

清单 **我是一个会整理的父母吗？**

☐ 家务通常都是累积到某种程度后一次性做完。
☐ 觉得整理当然是父母要做的事情。
☐ 从没想过教导孩子整理收拾。
☐ 觉得与其花时间做整理这种小事，倒不如花时间做些重要的事情。
☐ 觉得如果叫孩子整理，之后自己还得重新做一次，倒不如一开始就由自己来做。
☐ 去超市时，只要是孩子想要的东西通常会买给他。
☐ 经常逛二手网站，或是在购物 APP 里看小孩的玩具和书籍。
☐ 储物间里塞满了好几箱成套的书籍或是许多教材、玩具。
☐ 觉得家中的玩具已经多到没办法负担的地步。
☐ 家里没有保持一天整理一次以上的规律。
☐ 家中有不符合孩子年龄段的东西（书籍、玩具、餐具等）。
☐ 虽然家里有超过一年以上没使用的参考书、练习题，但觉得在写完之前都不能丢掉。
☐ 没办法丢掉与孩子有关的充满回忆的物品（纪念品、

手工作品等）。
☐已经过了有效期的家长通知单等，都还好好保留着。
☐孩子的东西已经多到没地方放了，所以只好堆在地上。
☐孩子常常拜托你帮忙把东西拿出来。
☐玩具、文具等物品没有按种类分类。
☐孩子房间的东西没有固定的摆放位置。
☐没有试过贴标签。
☐没有区分学习及玩游戏的空间。

15～20个：放弃型

可能你觉得在孩子长大之前,生活在乱七八糟的环境里是无可避免的。但是,你不觉得在这样的环境里即便是休息也没办法真的身心放松,反而感觉压力很大吗?现在就开始相信改变的力量吧!

10～14个：入门型

你虽然已经感受到整理的必要性,却看不到什么进展,对吧?给孩子经历一个整理好的完美空间是很重要的。现在就鼓起勇气,勇敢地丢掉不用的东西吧!

6～9个：高手型

也许你现在正保持着整理完善的生活,但是你不觉得只有自己一个人整理很辛苦吗?现在就来打造一个让孩子也可以自己动手整理的环境吧,试着教孩子如何整理。如此一来,自己的整理能力又能更上一层楼啦!

5个以下：达人型

父母以身作则,让孩子看到父母随手整理的好榜样,孩子也就会自然而然地养成整理的好习惯。请父母一同协助孩子养成整理时间及人际关系的好习惯吧!

第二部分

实践为孩子设计的整理计划

和孩子一起成长的空间

我的孩子有变化了！

"整理之力"社区的成员们为了鼓励大家动手整理，也为了刺激大家提升自己的整理能力，举办了长期性的特别策划活动。2017年年初，针对孩子房间整理的诀窍，他们举办了"整理小故事"征集活动——因为整理孩子的房间是成员公认的整理难度最高的活动，因此计划通过活动让成员们踊跃分享自己的整理技巧。参加办法是实施"整理孩子房间大作战"之后，再将整理的过程、心得分享到网上，或者也可以分享育儿过程中任何与整理有关的小故事。整理大作战主要分成两大部分。首先是父母开始整理，并且告诉孩子需要遵守的整理规则。这次活动征集到的小故事，有些是关于孩子房间脱胎换骨的过程，给予其他人勇气与激励；也有一些为大家带来了欢笑与感动。在此分享两篇获奖的文章给大家。

孩子的房间大变样(家住普门洞的朱宇振)

我家有一个五岁大的儿子。新家大约八十平方米,不久前才刚搬入。跟老房子相比,新家的客厅和房间都比较小,因此我更觉得"要好好整理才能在这里生活"。

下面的图里是搬来以后的景象,我一直很想要好好动手整理一番。我拜读了整理咨询专家尹善铉的著作,也借了一些关于简化生活及家庭装潢的书来看,看了之后,心想"原来把东西清掉才是最重要的",所以更努力地把家里的东西尽可能处理掉。

但光是把东西丢掉,还是没办法从根本上整理好生活。许多书因为没地方放,只好随意摆放,也有好几箱书就放着不管。原本屋里就只有一个孤零零的小书架,但孩子的书还有好几箱摆在别的地方呢!

幸运的是,我有机会听了尹善铉老师的讲座,尹老师是这么说的:"如果要让孩子会整理,就要确保家中东西都有固定的位置。"听了之后,我下定决心买了两个大书柜回家。终于,所有的书逃离了不见天日的箱子,正式进到书柜中,而箱子们也从此自家里退场——那些被丢掉的箱子,还真不是一般的多啊!

箱子里的书是整理好了,却还有一个部分没整理到,那就是玩具。从照片里就可以看到,玩具已经多到根本没地方可以放了,不得已只好堆放在客厅的落地窗旁。到底要不要再买个家具来收纳玩具,这真的让我苦恼了许久,担心买了

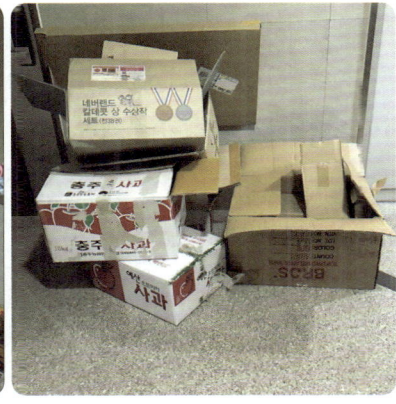

之后反而变成一个负担。

　　反复思量之后,我才又买了一个书柜,就是右边照片里的这个家伙。我将它放入小房间里——小房间主要是用作电脑房和小孩的游戏房。会将这两个用途放在一起,是因为我们夫妻俩希望做事时小孩子能在旁边,或是小孩玩的时候我们陪伴在一旁的同时也可以继续做自己的事情。现在来瞧瞧,玩具放进书柜后,房间明显干净整洁了。

　　今天早上老公和儿子制造的混乱,像是台风扫过后的景象,散落一地的乐高积木、小汽车、松饼积木等玩具,什么都有。不过最艰难的整理过程此前已经结束了,现在就算要

整理也不会感到有什么压力。

其中的秘诀就是给玩具确定固定的位置。上面大图中，左侧柜子的下层拿来放乐高积木和松饼积木，盒盖就垫在收纳盒下面，收纳盒不盖上盖子，孩子想玩的时候就直接伸手拿，而妈妈要收拾的时候也可以很方便地放进去。

剩余的收纳盒上，通通贴上分类标签，标记每盒玩具的类别，像是医生游戏、厨房游戏等。儿子想玩哪个游戏，就只拿出那一盒来玩；不玩了，就把这一盒收好放回去，再拿另一盒玩具出来玩。有些时候孩子会同时把好几个收纳盒的玩具一起拿出来混着玩，不过这也完全没问题，因为现在整理起来一点也不难！只要把散落一地的玩具按照既定分类放回收纳盒里就轻松解决了。

但是，最令我头疼的就是大型攀爬滑梯组合玩具了，它几乎占了客厅的一半空间啊！可是小孩又很爱玩它，在这组玩具上爬来爬去，也不能说丢就丢。本来想说忍耐几年等孩子长大了再丢吧，幸好老公想了个好主意——把这组玩具移到阳台上去。

丢掉这组玩具中一部分小孩已经不玩的，剩下的攀爬与滑梯部分就保留下来，放在阳台里，尺寸刚刚好！现在阳台已经变成儿子最喜欢的秘密基地了。开始动手整理之后，诸多好处当中，最令人高兴的还是儿子特别喜欢我们家这样的改变，所有玩具一目了然，每个玩具的使用频率也大幅增加，真是太棒了！孩子可以马上找到自己想玩的玩具，不用总是吵着要我帮他找东西、拿东西。而且现在我们也可以一起收拾玩具了！

看起来怎么样呢？我们家整理得还不错吧？

通过整理教导孩子物品的珍贵（朱利安妈妈）

似乎只要家里没有东西，整理就会是件轻松的事，所以每天叫孩子整理东西之前，我一定先把自己的东西全都清空。

前面两张照片里是我们家整理之前的景象。过去因为贪心买了很多的套书，或是冲动之下买来很多玩具，现在已经在努力地减少，对孩子的物品也不再那么贪心或执着了。

大家在整理时环顾家中，混乱大概都是由孩子的东西造成的吧。我们家也是这样。但是把东西都清掉、彻底整理收拾后，现在已经基本上告别了混乱。现阶段最重要的是培养孩子的整理能力与维持能力。在教导孩子整理的过程中，也要告诉孩子必须更加爱惜玩具，这样物品才会变得更加珍贵。

我和孩子保持这种沟通整整两年了，现在大家看到的玩具房就是孩子自己整理的。如今，朱利安可是个比我还会整理的孩子呢！我期待自己将来能继续朝着更加简约的生活目标前进，也希望朱利安可以成为一个能自主整理的孩子。东西越清越空，我们也越来越幸福。

打造一个改变孩子行为的居家空间

在"整理小故事"征集活动中,社区成员分享的文章呈现出两个共同点:一是为了整理孩子的房间,家长总是不断苦思,也不停地做各种尝试;二是整理好的房间,不管是对妈妈或是对孩子,都会有正向的影响。像这样改变环境,就可以不用再对孩子唠叨,也不用以强迫的方式让孩子改变行为,可以说是有效的方法。美国著名心理学家,同时也是心理咨询师的托马斯·戈登博士在《P.E.T.父母效能训练》一书中,对于可以引导孩子正向行为的环境有所介绍,我大致整理如下。

1. 打造随心所欲的空间

"专注"领域的专家米哈里·契克森米哈赖认为，可以在家里为经常专注于某些事物的孩子安排一个让他能做任何想做的事，同时能感受到那是属于他个人的小天地。这里所谓的"小天地"，并不需要多大、多宽敞的空间，而是待在其中可以让孩子感觉到"在这里我可以做任何我想要做的事情"。与其他区域相比，孩子在这个自由空间里不会受到父母限制。这个空间不用很大，只要孩子能在这里满足自己所有的想法，可以尽情地发挥，做做手工、画画图，即使那只是一个局促的狭小空间或环境，孩子也会乐于接受。

2. 创造充满趣味的场所

在孩子的空间里放置一些有趣的东西，这是可以让孩子停止问题行为或预防孩子产生问题行为的有效方法。孩子产生问题行为，很多时候都是因为他们想做却不能做某些事情，这意味着我们要打造空间让孩子可以随心所欲做自己想做的事情：想画画时可以放一个画板让他画画；用来玩娃娃游戏的小剧场或娃娃屋中也可以放置些能够乱撕的报纸，或是放一些美术用品等好玩有趣的东西，让孩子可以在那里做些好玩的事情。

玩具特别是新的玩具会立刻吸引孩子的目光，引起他们的兴趣。但是，如果一次拿出很多玩具，孩子一眼望去无从下手，兴趣就会降低，也就觉得没那么好玩了。所以，比起常买新玩具或是同时把玩具通通拿出来给他们玩，打造一个有趣味的活动空间会是更好的做法。不妨先让孩子玩一两个玩具，之后再换别的游戏或玩具，这样做的效果会更好！

3. 营造没有刺激的环境

有时，孩子也需要一个无刺激源的环境，比如睡觉前就是这种情况。有时候孩子为了不睡觉或是不吃饭，用尽全身力气哭闹，让父母感到相当为难或是无法理解。其实这样的情况，孩子自己也觉得手足无措，在一个充满刺激的环境中，突然要他安静下来，可想而知是多么困难的一件事啊！

如果要让孩子顺利入睡，在睡觉前三十分钟就要避免玩激烈的游戏，也要限制他使用智能手机、平板电脑；房间可以使用暖色调的灯光，让整个环境变得较为昏暗却又充满温馨。在吃饭时间，则要关掉电视，也要从区域上将玩游戏与吃饭做出划分，让孩子可以集中注意力在吃饭这件事上面。在此，推荐父母使用计时器，当时间一到，计时器响了，就代表吃饭时间结束了。要让孩子明白用餐时间结束，不能再吃了，只要计时器一响，父母就要绝不妥协地把碗收走。

4. 创造孩子可以掌控的环境

当你照顾孩子时，光是跟在他们屁股后面善后，一整天的时间一下就过去了。"爸爸，帮我拿那个。""妈妈，我要喝水。"类似的呼唤声每天在家里此起彼伏。其实孩子期望的并不是父母每一件事情都帮他做好，孩子越长越大，渐渐地也会希望自己能像大人一样做很多事情，希望自己能够自由地行动。没办法的时候，孩子就会去烦父母，父母不帮孩子做的话，有的会放弃，有的则会大喊大叫，甚至耍赖、哇哇大哭。

创造让孩子可以尽量掌控的环境，可将环境布置成所有东西都放在孩子视线可见、伸手可及的地方。例如，在整理孩子衣服时，就要把衣服都挂在孩子伸手就可以拿到的地方，让他们可以自己拿想穿的衣服。也要把玩具都放在较轻的大小适当的收纳箱里，让孩子可以自由拿取想要的玩具；挂包包的挂钩也要放在低一点的位置，如果不容易做到，可以拿一个大的收纳箱，让孩子不费力就可以把包包放进去。这些方法都需要父母自己努力去研究，而且也要尝试许多不一样的方法，才能让孩子可以轻松、简单地自己动手做很多事情。

5. 打造包容孩子的环境

当孩子拿了一个不能用来玩的东西去玩，这时请不要直接对孩子说"不行"，并粗鲁地把东西从孩子手中抢走。取而代之，父母应该做的是给孩子一个取代原物品的替代品，与他交换手中的东西。如果孩子拿了一本还没看过的杂志，正要动手撕的时候，父母可以换一本旧的、不要的杂志给他；如果他想要拿蜡笔在墙壁上涂鸦，可以拿一张超大的旧报纸，让他尽情在上面挥洒创意。如果父母温柔且冷静地给孩子一个替代品的话,孩子也会停止号啕大哭、胡闹耍赖,乖乖接受这个替代品。

对于环境出现改变的情况,也请给孩子多一分体贴与谅解,因为孩子对于变化是相当敏感的。可是相对的,他们的适应能力也非常快,所以只要父母提前告知,就不会有太大问题了。例如,如果是要与父母分开的情况,可以跟孩子事先说明将会遇到怎样的情形;若是要搬家的话,几周前就开始告诉孩子之后要在新家睡觉,也会认识新的朋友。父母做到提前告知的话,就会对孩子在适应上有所帮助。

6. 营造安全的环境

营造一个让孩子可以掌控的环境,首先要考虑的就是安全问题。像是沙发或床等家具,孩子很爱在这些地方爬上爬下,那么就要把这些家具周边清空,并铺上安全地垫;像是楼梯口或不能让孩子跑出去的玄关,就必须在这些地方设置安全门;窗户下也不要放置小孩可以轻易攀爬的家具;家具或摆件若有尖锐的边缘,都要包裹安全软套;小孩很可能会拉桌布,使放置在桌上的东西滚落,为了尽量避免物品掉下时造成危险,餐桌最好不要使用桌布,这样会比较安全。

浴室地板湿滑,很容易让人滑倒,为了避免发生意外,可以铺上一层防滑地垫、贴上防滑贴纸;给电器插座套上安全防护套;各种电器的电线尽可能以束线收好、收整齐;沐浴用品或清洁打扫用品要放在孩子碰不到的较高的架子上,避免孩子误食；化妆台上避免放置玻璃瓶，以免打碎；指甲油、卸指甲油的去光水，最好都收进抽屉或柜子里，并且把抽屉锁上。

7. 打造孩子可以反映意见的环境

随着孩子年龄的增长，他将更加注重自己的隐私，对自己的空间环境也会开始产生主见。此时，就要将房间及物品的掌控权还给孩子。例如，如果要在孩子房间放入新的物品，或是要改变装潢时，最好将孩子的想法和意见列入参考，并且帮孩子准备可以放置个人物品的空间或是收纳箱；零用钱也以月为单位发放，让孩子可以自由支配，选购自己想买的东西。

随时间和环境的变化而改变且不可错失的整理教育

空间必须随着小孩成长阶段的改变而有所改变。孩子刚出生时，妈妈温暖的怀抱就是孩子的全部空间。但是随着孩子渐渐长大，逐渐变得独立，孩子的空间也逐渐发展到学校、社会，我们需要尊重孩子的个人隐私空间。因此，根据孩子不同的成长时期，整理空间的方式也要有所改变。

但是每每去到咨询现场，我常发现这样的情况：家中有新生儿的话，父母和孩子的衣服通通放在父母的衣橱里，或是所有的尿布全都堆在柜子的某个角落。虽不难理解这种做法，可是当孩子上了小学，这样的家庭甚至无法让孩子拥有一个完整的属于自己的空间。每当孩子需要写作业时，就得把餐桌上的东西通通推到一边，才能挪出空间；父母总把孩子的房间拿来当仓库使用，堆满了许多家里不用的物品，或是把其他兄弟姐妹的东西堆放在那里不管。

　　父母必须根据小孩的成长阶段来详细教导孩子，告诉他们家里有哪些事项或家务是他们必须一起分担的。当孩子开始学走路以及说话，也渐渐听得懂话时，就可以一点一点地让孩子参与整理收拾。父母可以给孩子使用过的尿布，让他"丢到垃圾桶里"，小宝宝就会去找垃圾桶丢尿布，又开开心心地回来找你；又或者可以清楚告诉孩子"玩具放这，袜子放那"，利用这种方式告诉他们物品所属的位置。当你要求孩子"把这个放回它的位置"，孩子执行完任务后，父母要尽量让孩子可以感受到成就感，尽量称赞孩子做得很好，让他们觉得整理是一件好事，可以开心、快乐去面对。当然，你也不能期待孩子能把整理做得多完美。如果你一边要求孩子整理，却又在一旁干涉每一个步骤，不停地唠叨，这样就容易使孩子觉得整理一点都不有趣。请记得，整理是会随着时间推移而越做越好的事情。

　　《如何养出一个成年人》的作者朱莉·利思科特－海姆斯提出以下几件对于孩子而言轻易可以上手的家务事，让我们一起来看看，针对不同年龄的孩子，可以有哪些整理方法与整理教育的内容。

婴幼儿时期：为孩子创造空间

从孩子可以开始自己走动的一周岁，到出现自我主张的三周岁为止，妈妈和孩子几乎是一体同心般一起行动：孩子要玩，也只是待在妈妈周围玩耍，就算暂时自己独自玩耍，也会马上回到妈妈身边。在这个时期，妈妈的身边就等于是孩子的空间。可是父母在做事时，必须让孩子懂得如何独自玩才行，所以家里要有一些新奇有趣的东西，能让孩子探索。父母可以把厨房或是客厅的一个小角落，布置成孩子的玩耍空间，把各种用品放在那边。当妈妈在做事情或是学习的时候，孩子也能自己进入那个角落玩耍。

<u>整理教育</u>

因为孩子很喜欢模仿大人的行为，如果父母在形式上能把他视为已经长大的孩子，那么孩子一定会觉得很开心。给他们拖把，要他们拖拖地，或者给他们抹布，叫他们把灰尘擦一擦，又或者要他们把脏衣服拿去洗衣篮里放好，孩子们都会很开心。但是，千万不要期待他们能做得多棒、多好，这些只是要他们参与并且当父母的小帮手而已，同时也让他们从自己也能做到的一些事情中获得自信感。

上学后：在靠近客厅的地方为孩子准备房间

儿童发展心理学指出，孩子在十岁时，"我"的自我概念就会发展完成，因此成为小学生以后，他们会开始渐渐对于自我空间感到重视。当孩子开始上学后，可以给他一个离客厅较近的房间，让孩子慢慢把自己的东西放进去，使他的生活空间转移到那个房间。不管那里本来是谁的房间，或者本来有何用途，把不属于孩子的东西通通清掉，这样才会让孩子喜欢上自己的房间，觉得有归属感。但因为孩子处于尚未习惯独立空间的状态，父母可以告诉孩子："从学校回来后，书包要放到自己的房间。""功课可以在客厅写，但写完要放回房间。""看着天花板上的'星空'，晚上就算自己一个人睡觉也不觉得可怕吧。"利用这些方式，一边跟孩子商量，一边帮助孩子逐渐习惯自己的房间，告诉他哪些事情是要在自己房间里做的，以循序渐进的方式，也许会比较恰当。

<u>整理教育</u>

孩子成为小学生后，就要教导他必须好好管理自己的个人物品：自己叠自己的衣服，文具使用完后放回原位，或是利用一些简单的打扫工具来保持自己房间的整洁。

到了高年级以后，孩子就可以帮忙做家里的其他家务了：买菜回来之后，要孩子帮忙拿到厨房放好，也可以请他帮忙拆掉食物的包装；在吃饭时间，可以要孩子先帮忙把碗筷摆好；洗碗机里的碗筷都洗好的话，可以请孩子帮忙把碗筷分门别类地收好。这时，同样的，千万别期待他们可以像成人一般完美地把事情做好，别忘了他们毕竟还只是小学生而已。而且大人越是干涉，对孩子来说，就会越讨厌做这件事。

要求孩子做事情时，必须具体说明要他们做什么事情。例如，当小孩把自己的或是其他人的食物洒出来时，有些父母会一边发脾气，一边要他自己解决这个状况。可是像这样的情况，反而是教导孩子帮忙协助或是教育他们解决问题的好机会。此时，父母要冷静地要求孩子"把抹布拿来"，等孩子把抹布拿来之后，教他们使用抹布清理洒出来的东西，而父母可以在这个时候到一旁把垃圾桶盖打开，等待孩子清理完，这样做的用意是为了让孩子看到家人间互相协助的样子。等到问题解决之后，可以用"哇，都弄干净了呢！""谢谢你的帮忙！"等语言来表示对这样的行动感到满意，让孩子在下次遇到相同的状况时，不会感到惊慌失措，顺利将问题解决。

中学以上：尊重孩子个人隐私，并且给予一个容易集中注意力的空间

从这个时候开始，就要赋予孩子对房间的管理掌控权。但是，也要告诉孩子在自己的领域中，哪些事情可以做、哪些事情不能做，制定好规矩。同时在这个时期，孩子需要在学习上面花更多心思，所以要为孩子打造一间能集中注意力并可以帮助提升学习欲望的房间。

书房最好不要有直射光线照入，尽可能选一间无论何时采光都相当一致的朝北的房间。朝南的房间适合于作为一般生活空间，因为温暖舒适的环境让人容易想睡觉。房间大小也会影响学习。房间太大容易让人感到不安，而且也容易摆放一些不必要的家具，或是拿来收纳其他东西，这都是不恰当的。

书桌的位置也有讲究：背对门口的话，会让孩子觉得好像随时受到父母的监视，因而感到担心，所以比较不容易集中注意力；如果坐在书桌前就可以看到窗外的车子或是小公园，也会让孩子注意力下降；若是可以直接看到床，又会时不时地想要躺一下。另外，书房也是一个很容易让眼睛感到疲劳的空间。为了维持眼睛的健康，除了天花板上的灯之外，须搭配可调整角度的台灯一起使用。在对书房其他物品的选择上：建议选择在有需要时才拿出来的笔记本电脑，取代台式电脑；椅子的部分，如果选用有轮子的可以滑动的椅子，会让人忍不住想要滑来滑去，所以最好选用固定的四脚椅子。

如果有两个相同性别的孩子，可以把一间房间当作卧室，另一间当作书房，这样分开使用效果会更好，不但彼此可以在学习上互相激励对方，功课上有问题的时候，也可以互相讨论、帮助。

<u>整理教育</u>

孩子上了初中之后，可以让他做诸如到家附近的便利店

买一些需要的东西这类简单的跑腿工作,而且大部分父母能做的家务,他们也都已经可以做到了。即使父母不在家,自己一个人也可以在吃完饭后,洗洗碗筷或是操作洗碗机。根据实际情况,可以让他们开始使用洗衣机与烘干机;也可以请孩子在用吸尘器清扫自己房间的同时,顺带把客厅打扫一下。

但是,如果你的孩子现在已经是初中生或高中生,之前从没有要求他们打扫家里,现在才要他们做,时机上是有点晚了,孩子很可能会出现反抗的情况。这种时候,父母受到太大冲击,嘴里吐出的只有唠叨,要不然就是想要说服、教训他们,或想试着做什么协议。但这些都是行不通的,必须真心诚意地对他们说"你一个人做很辛苦吧,那我来一起帮忙",这样才会比较有效果。

有些父母以积极的态度根据孩子成长过程改变环境,有些父母则与之相反,两者的最大差异就在于对孩子的尊重。大部分家庭的生活环境都是以夫妻为中心,夫妻也认为孩子是住在"父母的房子"里,期待孩子自己自然而然就会适应,也自然而然就会整理。所以当新生命来到这个家庭后,在与之前没有太大差异的环境中,把孩子的物品这里放一些、那里也放一点,慢慢越堆越多。总是拿"小孩出生后,忙到晕头转向""因为小孩的关系所以都没办法整理"当借口,等到孩子大一点后,就开始指挥孩子"去给我整理""快去整理房间"。但是,如果父母愿意根据孩子成长过程来改变居住空间的话，孩子的生活会变得更加舒适，也会真正感受到自己是家庭中的一员，感受到在这个家里自己是拥有实际权力的重要存在。在这样的情况下，孩子也会觉得自己应该做事情，应该随着年龄的增长做出与年龄相符的行动。

符合孩子房间动线的整理法

想要激发不具有强制性的整理行动，并使其成为孩子的生活习惯的话，父母必须成为"助推"的设计家，布置出符合孩子生活习惯的动线环境，使其所有行为都能相当自然流畅地完成。如此一来，孩子就能学会正确的行为，养成良好的生活习惯也就不再是难事了。

出门后回到家中

1. 如果孩子回到家里，在玄关处脱下鞋子后总是乱放，那就准备鞋子模样的贴纸贴在鞋柜里，让孩子回家后依照贴纸的方向将鞋子摆放好，这样一来，不但增加了摆放鞋子的趣味，也可以让孩子练习把鞋子配对。

2. 自行车、迷你玩具车玩完之后，可以在走廊或是玄关利用有颜色的胶带划出停车区，让孩子觉得这是一个"开完车"后要把车停好的游戏。

3. 养成一回家就洗手的习惯，这是要维护我们的基本健康。父母可以在地板上贴上脚印或是箭头贴纸，形成指引至厕所、浴室的动线，让孩子跟着箭头走，自然地引导他们一回家就去厕所洗手。如果有些孩子还是不喜欢洗手，可以试着把乐高或是小积木塞进肥皂里，只要孩子勤洗手，就会让藏在里面的小积木一点一点地露出来，增加洗手的趣味性。

洗澡

1. 在浴室内或外放置洗衣篮，可以把脱下来的衣服放进去。如此一来，就不用每次都在地上捡孩子的衣服，只要把洗衣篮整个带走就可以了。

2. 可以在浴缸里放一些小玩具，让洗澡变成一件很开心的事。洗完澡之后，也让孩子自己把这些玩具收好；可以把玩具都收在一个大的洗衣袋中，挂在墙上把水沥干。

3. 如果孩子讨厌刷牙，可以选用有他喜欢的卡通人物图案的牙刷和牙膏，吸引他的注意，或是试着教孩子使用电动牙刷，这也是个不错的选择。

换衣服

1. 可以准备个篮子用来放穿过但还不用洗的衣服，并告诉孩子："把穿过的衣服折好放在篮子里。"

2. 让孩子可以自己直接选择想要穿的衣服。利用衣柜的抽屉，将不同的衣物分开放，并在抽屉前贴上又大又清楚的标签，让孩子找起来更容易。

3. 在睡觉之前，让孩子先把明天想穿的衣服跟裤子找出来，一方面可以借此告诉孩子睡觉时间到了，另一方面也可以为明天预先做好准备。

吃零食 / 吃饭

1. 小孩子很喜欢从厨房把日常生活用品拿来玩，因此可以把流理台最下方的抽屉设计成小孩的储物空间，把平常过家家的玩具放在里面，或是放进一些小零食，让小孩可以自己拿出来玩或拿来吃。

2. 把放筷子和汤匙的收纳桶放在孩子伸手可及的地方，让他们在吃饭之前，不仅把自己的碗盘、筷子、汤匙先摆好，也可以帮忙把其他家人的餐具摆好在餐桌上。

3. 洗完碗筷后，把已经沥干的碗盘、筷子等餐具收好的任务，就交给孩子吧。

玩玩具

1. 把玩具放在孩子主要玩游戏的地方。孩子通常都是在客厅玩玩具，因此可以在客厅放一个收纳玩具的箱子，铺上一张垫子，告诉孩子"只能在这张垫子上玩玩具"，利用垫子来限制空间。

2. 收纳箱要根据孩子喜欢玩的游戏来做分类，并且用大大的图案或文字在纸上做标示，让孩子清楚知道每种玩具的所属位置。

3. 如果玩具通通掉到垫子之外，就是需要整理的时候了；或者在一天当中的某个固定时间告诉孩子："现在是吃晚餐的时间啦，在整理之歌结束之前，要把玩具通通放回它们的家哟！"父母可以用唱歌或是播放音乐来辅助整理。

学习

1. 区分学习与游戏空间。父母可以放置有助于学习的桌子、组合小方柜或是三层书柜，把教材、参考书、笔记本、文具、练习本等让孩子以方便自己拿取的方式整理。

2. 如果为孩子准备了书桌，建议书桌上什么都不要放，把文具、美术用品、电子产品、乐器等物品，分类放置在每一个抽屉中，并用标签清楚标示。

准备睡觉

1. 卧室的照明最好是较为昏暗或选择暖色调的灯，让房间充满温馨柔和的气氛。

2. 告知孩子睡觉时间："现在晚上九点了，已经到睡觉时间啦！"并且帮孩子铺好被子，一起做好睡觉前的准备。

3. 孩子刷好牙后，为了让孩子可以好好入睡，请孩子自己选择一本书，然后读给他们听。

高龄妈妈的孩子房间整理秘诀

在"整理之力"社区里出现了一篇标题挺有意思的文章——《高龄妈妈的孩子房间整理秘诀:让孩子自觉整理》。昵称为"凯莉妈"的成员在文章里介绍了最近一年来自己清掉了许多东西,而且也让孩子练习自己整理的小故事。

大家好,我是"凯莉妈",今天想要介绍一下我们家的整理小秘诀。因为我是一个年龄较大的妈妈,同时也想把孩子培养成一个自主性较强的人(前项理由影响比较大),所以孩子自己能做的部分,我都会放手让她自己做。

整理玩具

首先,这是孩子的玩具收纳箱。当孩子开始认字之后,我就用文字标签来标示,不过在孩子更小的时候,因为不认识字,所以是贴照片来做区分。孩子到七岁的时候,开始有自己的小秘密了,所以要求我帮她准备一个"秘密箱",而现在已经有两个"秘密箱"了。(说是里面装有绝对不可以被小偷偷走的东西,究竟是什么呢?)

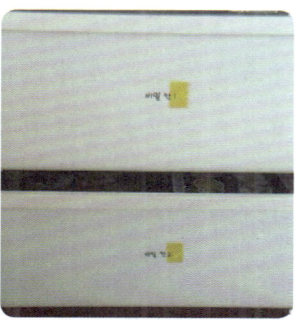

整理作品

这里是存放孩子在幼儿园里做的各种作品的收纳箱,孩子在幼儿园或是家里做的手工艺品、画的图画等,都收藏在这里。一开始,我会把孩子的"作品"在摆放区陈列出来,等到做了新的作品,就把原来的作品收到这个箱子里。有时候孩子想找自己之前的作品,就会去箱子里翻看。不过,通常过了六个月以后,孩子也忘得差不多了,帮作品拍张照片作为存档,就可以丢掉了。

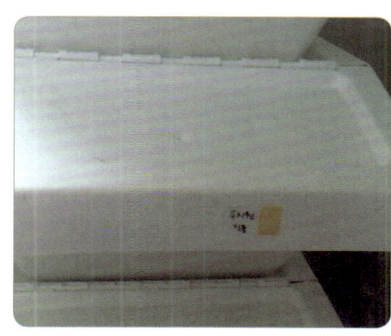

这是摆放孩子作品的空间,也是我们家人坐在餐桌时可以看到的地方。一边看着孩子的作品,一边吃饭聊天,感觉很棒,孩子也对自己的作品很有信心呢。

整理鞋柜

在我们家中,只要是小孩伸手所及和目光所至的位置,都放着小孩子的物品。这里是鞋柜,七岁孩子的身高约一百一十厘米,我把孩子的鞋子放在孩子取放方便的高度。

鞋子也像图片中一样尽可能摆放成可以看到鞋子的正面(在幼儿园的鞋柜里,只有我们家孩子的鞋子会像这样正面摆放好,真的让我感觉到"习惯是很可怕的")。鞋子跟鞋子之间也要保留一点空间,让孩子可以方便拿取,如果放得太满,对孩子来说会很不容易拿取。

整理浴室

这里是我家浴室,所有东西都放在孩子伸手可及的高度。

如此一来，就不会再听孩子追问我："妈妈，我的牙膏在哪里？""妈妈，我的漱口杯呢？'"妈妈，可以给我毛巾吗？"由于毛巾架比孩子的身高还高，孩子没办法把毛巾挂回去，所以孩子就要求帮忙用晾衣夹把毛巾夹在上面，现在就使用了这样的方法。

在浴室收纳箱最底层的空间，孩子的乳液、防晒乳、护唇膏等用品都放在这里，孩子刷牙洗脸完毕后，就可以自己去收纳箱拿出乳液来擦。那个花花绿绿的袋子是放孩子发圈的包，因为现在她还不会自己绑头发，所以我会帮她绑，但是要绑头发前，就会叫孩子自己把整个发圈包拿过来。

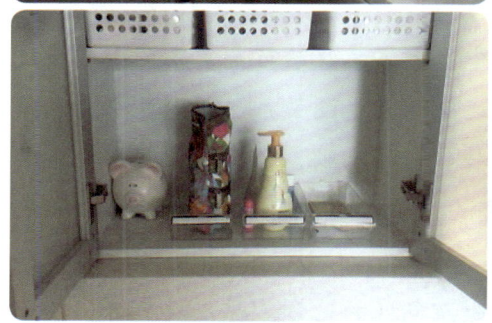
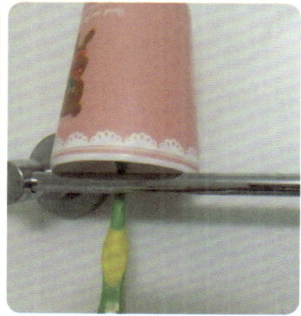

整理孩子衣服

把洗衣篮放在有洗衣机的房间门前，要求孩子把脱下的衣服放在这里。我不喜欢地板上放有任何东西，但是这个洗衣篮是按小孩要求而设的。此外，若要我把小孩的衣服一件件拿去放，也是很麻烦的事，所以这种程度还算是可以忍受。小孩通常会自己拿想穿的衣服，有时候当我把洗好的衣服叠好，她也会自己拿去整理。

衣柜当然也是依照孩子所能看到的高度来收纳。上方挂的衣服是已经换季的衣服，当季的衣服就会移到下面来。下方的衣服挂在小孩伸手就可以直接摸到的高度，通常我会把外套挂在这里。（在幼儿园里，因为有挂外套的习惯，所以孩子还算是比较会使用衣架。）

旁边的两个收纳篮中，上方的收纳篮是拿来放小孩穿过一次的衣服，像是睡衣连穿两天也没关系，所以这个收纳篮就放一些不太适合拿去挂起来的衣服，还有类似围巾之类的东西。（通常不会那么整齐，平时都是随便塞。因为要拍照，所以稍微整理了一下。）

下方的收纳篮是放小孩包包的地方。原本没有专门腾出

放书包的地方，结果她从幼儿园回来后，书包就常常到处乱放。现在，孩子从幼儿园回家后，就可以把衣服换下，书包整理放好，别针收好，脏的衣服放到洗衣篮里，再从上方的收纳篮中拿出还能再穿一次的家居服穿上。

这是孩子衣柜的抽屉。里面并没有另外使用标签，但是根据物品的不同种类把它们放入不同的小篮子里，这样的话孩子就可以自己把叠好的衣服放到各自的位置。因为袜子放一篮、内衣放一篮，各有各的位置，孩子也相当清楚要放在哪里。

在衣柜门上贴上孩子需要准备的物品的小纸条，让孩子打开衣柜拿书包时可以参考，室内鞋的鞋袋也放在衣柜里。

 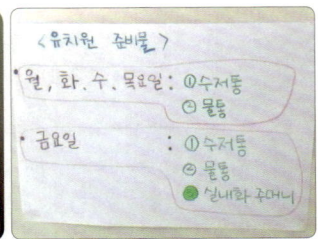

幼儿园所需物品↑
星期一、二、三、四：①携带式餐具②水壶
星期五：①携带式餐具②水壶③室内鞋鞋袋

动线非常流畅，全都是为了让我可以更便利而摆放的。

整理发夹

在衣柜打开柜门的其中一侧挂着孩子的发夹，用一条简单的绳子，把发夹通通夹在上面挂上去。因为孩子依照自己的不同穿搭，想要用的发夹也会不一样，所以叫孩子来这里自己选要穿的衣服和发夹（当然有时候还是会叫我帮忙选）。这样的收纳方式，可以让孩子一眼看到所有发夹，非常实用。

整理厨房

在厨房里当然也有为了孩子特别设计的空间。"妈妈,可以帮我拿杯子吗？""妈妈,给我一点麦片。""妈妈,帮我泡热巧克力。""妈妈,有吸管吗？"孩子一下要这个、一下又要那个,这种时候就会有"要怎么做才能让我不用再做这些事情"的想法,所以我想出了这样的空间整理方法：洗完碗把碗盘沥干后,留两三个杯子放在碗盘沥水架上,孩子想要喝水或热巧克力的话,就可以直接从这里拿杯子去用,这个高度刚好是孩子伸手可及的位置,她也可以自己从最上层抽屉里拿汤匙出来用。

在厨房流理台下方收纳的位置,就把孩子可以吃的东西

全都摆进去，像是早餐麦片、巧克力粉、儿童维生素等。虽然孩子不会每样都记得吃，但是只要我叫她去拿来吃，不用多说什么，她就知道要来这里找。下方柜子的收纳篮中摆了一些饼干、糖果。虽然我不常买饼干给她吃，但幼儿园的生日答谢礼或者有时候收到饼干就会放在这里。由于放在篮子里，打开柜子不会马上就看到篮子里面的东西，也就没有常常拿来吃，所以我觉得这样收纳还不错，偶尔想吃的话，再拉出篮子找来吃也很方便。

我的年纪大了，体力也不太好，所以总是不断思考："要怎么做，才能让自己少做一点？要怎么做，才能让孩子主动去做？"因为孩子的东西都有属于它们的位置，所以孩子也能自己好好整理。但如果每次都能做得很好，那就不是孩子啦！她当然不是每次都做得很好，我偶尔也还是得唠叨一下，但是依照孩子的动线去摆放他们的物品，孩子也对自己的东西所属位置很清楚，整理起来也就更加轻而易举、得心应手。这些全是为了方便我自己才产生的想法。

平时没有多余的精力照顾孩子，也对此感到麻烦的父母，如果从一开始就放手让孩子随心所欲，什么都不干涉，日后孩子不小心犯错或是把家里弄得乱七八糟，父母也没有心力去搞清楚问题的根源，不管三七二十一就生气、责骂或教训孩子。但是，"凯莉妈"为了打造一个让孩子可以自己动手做的环境，仔细观察孩子的行动，经过好几次的试验，改善整理的方法。虽然"凯莉妈"看起来好像是为了自己省事，但是，我可以真实感受到她比任何人都还要为孩子考虑以及体谅孩子的那一份心。

这样整理孩子房间就足够了

整理孩子房间的第一阶段：合理购物

我曾经为一对夫妇做过整理咨询，他们是一对住在公寓大厦中的双薪家庭夫妇，有着一对子女，分别就读小学三年级和一年级。他们家里有着各式各样的玩具、许多书籍，散落在每一个房间。因为家里总是乱七八糟的，假期也没办法待在家里，全家只能去购物中心消磨时间，以此当作休息。因为夫妻都有收入，因此对孩子的玩具、书籍、文具用品等，出手毫不吝啬，常买东西给孩子，每到周末就带着孩子去购物中心买他们想要的东西。渐渐地，家里东西就越积越多，已经多到他们能够忍受的极限了。

在这低出生率的现代社会，新出生的孩子越来越少，但与这个现实相反的是，玩具市场规模却越来越大，玩具市场每年营业额节节高升，专家指出这主要是因为现在家庭的收入水准有所提升。但是，日益增加的孩子物品占据了家庭空间，导致平均每平方米要价六百万韩元的家，变得狭窄拥挤。

讽刺的是，即使家庭收入水准上升了，他们不但做不到每个月有所储蓄，反而还累积了不少债务。也许因为夫妻二人都在上班，对于孩子有所歉意，想用物质来补偿孩子；又或许是为了满足自己小时候无法拥有某个物品的遗憾，而买东西给孩子；也有可能是为了在公共场所可以轻易地压制孩子的问题行为，所以就心甘情愿，乖乖地掏出钱包了。

如果希望拥有整齐的空间与宽裕的经济，合理化的支出管理是必要的。但是，与把孩子东西丢掉的情况类似，在购买孩子的物品时，也会因感情上的因素导致失控，就让我们先来了解理性消费的方法吧！

1. 去超市或百货公司前先做好准备

去超市之前，就跟孩子预告说："今天我们不买玩具，只买晚餐要煮的东西。"事先把计划告诉孩子，并且利用乖宝宝贴纸加以鼓励："如果没有吵着要买玩具，就给你一张乖宝宝贴纸，收集乖宝宝贴纸，之后就可以拿来换玩具！"如果孩子真的做到了，也一定要遵守约定给他贴纸。

但是，即使跟孩子约定好了，要孩子长时间听话，也是非常困难的事情，所以外出前要先把孩子有兴趣的书或玩具都准备妥当。要注意的是，跟妈妈希望孩子读的书比起来，这里要选择孩子自己喜欢、可以反复阅读的漫画书，或是装有干电池的电动玩具，才会更有效果。同时要注意的是，进入超市或百货公司时，要尽量避开摆放玩具的区域。

2. 和孩子一起列购物清单

在去买和孩子约定好的玩具或文具用品前,更需要做好事前准备。即使是我们成人去超市,也很容易受到物品的诱惑,要忍耐是相当困难的,更何况是孩子呢?这种情况下,不管是大人还是小孩,克服诱惑的最好方法就是列购物清单。

和孩子列购物清单时,询问孩子"为什么想买这个",了解孩子购买的理由。如果孩子想买的东西家里已经有类似的,可以说服他先用家里的。到了购物的地点后,让孩子自己拿着清单,直接去把清单上所列的东西拿来,让他们直接参与购物。这样一来,就会让孩子觉得购物是一个有趣的游戏,而在清单之外的物品对孩子的吸引力似乎也会降低一些。

如果孩子想要买单价较高的东西,可以告诉孩子要等到儿童节或生日之类的特别日子,或是当他达到某个目标时,才可以得到这个东西当奖励。比起父母总是无条件地给孩子买任何他们想要的东西,倒不如让他们学习期待某个特别的日子,学会忍耐与等待,同时也能让他们学会遵守约定,这才是真正好的教育方式。

3. 在玩具图书馆租借玩具

小孩子一下子就长大了,喜欢的玩具可能才玩了几个月,一下子又喜欢上别的玩具。虽然买二手玩具也是可以减轻经济负担的方法之一,但是这样的过程反复发生的话,也会使支出变得不受管控。更好的方法就是到玩具图书馆里借玩

具！最近，韩国各个区域都开设了玩具图书馆，在那里周期性提供了许多可以引起孩子兴趣的新玩具。

在首尔市营运的绿色玩具图书馆，以相当便宜的价格（两万韩元）就能借两三个玩具或书籍，以两周为限期；也可以事先在官方网站上预约，甚至申请配送到家。玩具图书馆在首尔之外的其他地区也在持续增加中，它里面布置得就像儿童餐厅一样，是一个提供各式各样玩具让孩子玩的地方。

4. 没有玩具也能玩的东西

《帅气的简单生活方式》作者张赛纶在书中分享了五年以来她在家养育两个孩子，同时也追求简单生活的经验。依据孩子的发展阶段，她会将已经过了发展阶段的东西立刻清掉。给孩子买玩具时，她也倾向可以培养孩子想象力、创造力的玩具。即使有两个孩子，她家里仍然可以维持相当干净、整齐的模样。

❋ 限定放书和玩具的空间
❋ 除了玩具，还允许孩子拿日常生活用品来玩
❋ 给孩子木制玩具
❋ 比起给一个成品，不妨给孩子一个可以直接动手做的玩具

韩国文化广播公司（MBC）拍摄的纪录片《舍弃的奇迹》中，介绍了张赛纶的家。令人吃惊的是，她家竟然没有书和

玩具，连我这种不常帮女儿买玩具的人都感到吃惊。看到孩子拿着日常生活用品用不同创意方式来玩的模样，我还是颇为吃惊：用养乐多空瓶子做成的可以发出声音的乐器；把报纸卷一卷，就能变成可以拿来打气球的球拍；布变成"妖怪的披风"；把纸杯垫卷起来，变成"溪流"上的桥梁。

虽然还是会有诸如"没有玩具的话，孩子要如何玩得开心"这样的疑问，但如果没有电视，孩子可能会看书，如果没有玩具，孩子也会拿日常用品当玩具。因为对孩子来说，日常生活中的这些东西其实是非常有魅力的玩具，只要不危险，就可以放心地拿给孩子玩。现在，我能体会到"孩子玩的其实不是玩具，而是将自己的想象力拿来玩"这句话了。

〰〰〰（左）最近迷上折纸的瑞珍
〰〰〰（右）在阳台栽种某些植物是瑞珍的工作

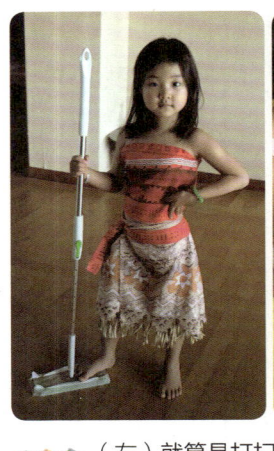  

〰〰〰（左）就算是打扫这样的日常活动对瑞珍来说也是有趣的游戏
〰〰〰（中）像是箱子这类要丢掉的东西，也是瑞珍最好玩的玩具
〰〰〰（右）闲置一旁、久久不用的布，摇身一变，就成了服装设计的时尚单品

〰〰〰（左）用形状有趣的意大利面随心所欲地构图
〰〰〰（中）到了秋天，色彩缤纷的落叶就像是大自然给予的礼物，成为孩子手中好玩的游戏
〰〰〰（右）旧杂志随意撕、剪、贴，是拿来玩的好素材

整理孩子房间的第二阶段：清除杂物

我曾经到客户家里帮忙整理书柜。当时流行的室内装修是在客厅里用大书柜做摆设，除了那些被塞得密密麻麻的书籍外，书架上又摆满了一些装饰品、文具以及各种杂七杂八的东西，诺大的书柜，不过只是装饰品罢了。

我请客户选出可以淘汰的书，但是书本放在那里许久未动，不仅积了许多灰尘在上面，连要选出哪些书丢掉也相当困难。客户毕业已经数十年了，许多书都没再翻过，加上现在从事的职业也与大学主修的专业不同，所以我建议他先从大学专业科目的书籍开始淘汰。所以，客户就从大学的专业书籍开始整理，已经过时的大众歌谣书籍、吉他教学歌谱等也随之被清理。终于，书柜渐渐腾出一些空间出来了。

但是，客户在最后一直没办法下定决心丢的书，就是专为小学生所写的童话名著全集。书中的插画真的非常漂亮，当年可是花了超过一百万韩元重金购入，而且最主要的原因是他的儿子还没看过这些书。客户用非常无奈的表情说，曾经和儿子约定，儿子每读这套书中的任何一本，就给儿子一万韩元作为零用钱。儿子当然也说好。但是，我觉得就算客户和儿子约定好了，他儿子也绝对不会看这些书的，因为他儿子已经是高中生啦！

各位，你家里的情况又是如何呢？是不是也像这位客户一样，因为无法丢掉伴随孩子长大的那些物品，就只好默默地堆在一旁呢？如果是这样的话，随着孩子年龄增长，家里的空间就只能被挤压得越来越小。让我们跟着下列表单，找出那些已经变成杂物的孩子的物品吧！

- 与年龄不符的玩具
- 与年龄不符的儿童餐具、卡通餐具
- 与年龄不符的书
- 与年龄不符的衣服、鞋子、装饰品
- 保存时间超过六个月的孩子作品
- 坏掉或是无法修理的玩具（包括零件不见的）
- 已经变得很脏的玩具
- 常常掉毛的毛绒玩具
- 沾染异物的布娃娃
- 过期一年以上的学习教材
- 没墨水的签字笔、涂色笔等
- 超过一年没有使用的美术用品
- 过多的笔记本、便条、小手册、绘画本

无法舍弃孩子物品的理由之一：情感上很执着

电影《怦然心动的人生整理魔法》中，有个名叫滕道晴江的女性，家中堆满了杂物。她的家就像一滩死水，堆满了陈旧的物品，大部分都是承载她和儿子共同回忆的东西。滕道晴江的儿子在与她所反对的对象结婚后，母子两人处于决裂的状态。

有一天，滕道晴江怎么找也找不到一个别针，因此委托了整理咨询顾问乘田磨辉子来帮忙整理。乘田磨辉子要滕道晴江选出已经不用的东西，但是滕道晴江没办法丢掉任何东西，还发了好大的脾气并取消了委托工作。乘田磨辉子对被困在过去而如今无法好好生活的滕道晴江感到非常遗憾，因此多次上门劝说，希望她能回心转意。

"滕道小姐，虽然回忆很重要，但是你未来的人生也是非常重要的。"

决心要与过去道别的滕道晴江，接受了乘田磨辉子的帮忙，慢慢地与这些承载过往回忆的物品一一道别，送这些物品离开。耐人寻味的是，把儿子的东西整理完后，滕道晴江下定决心要把东西拿给已经决裂的儿子。其实，儿子内心也非常想念妈妈，见到妈妈之后 两人互相拥抱的温暖镜头成为电影的结尾，滕道晴江也和儿子开始了一段崭新的人生。

不必经历和滕道晴江一样的故事，对所有的父母来说，要丢掉孩子曾使用过的东西或拥有共同回忆的物品，真的不是一件容易的事。其中，特别是孩子自己的"作品"，代表着孩子的成长过程，如同可以从中感受到孩子的自信一般，更是舍不得丢掉。孩子成长过程中，有数不清的涂鸦，也保留了数不清的照片。当孩子张开双手迎接未来，每一分、每一秒都在不断成长时，父母面对孩子留下的承载回忆的物品，就好像面对孩子本人一般。

"整理之力"社区的问答互动版块上，常有类似"印有孩子照片的纪念品该怎么处理呢？"这样的问题出现。其中，最令人感到可怕的答案是"好好保存，等孩子结婚时送给他们当礼物"。让我们试想，结婚搬出来住之后，父母送来装满自己周岁照片、从小到大各种作品和纪念品的箱子，这么大一箱东西到底是要放到哪里保管？孩子会有多少头痛和为难啊！根本只是父母无法适时清理的东西，延后时间把东西推给孩子罢了。

无法舍弃孩子物品的理由之二：没有标准

因为移情作用的关系，孩子的物品是相当难割舍的，因此要设定一个标准都不是件容易的事情。"整理之力"社区的"清空告示板"中，我们可以看到成员们清空杂物的实际案例，通过参考推荐的明细表，可以从中获得勇气。进行整理咨询的客户也可以依据顾问提供的几项基准，动手整理一些东西，让家里多出一些弹性的空间。从整理咨询顾问的专业性建议中，或是通过参考他人经验，我们能获得勇气去清理不需要的东西。以下就是整理咨询专家提出的标准。

❋ 过去一年中曾经使用过这个物品吗？
❋ 过去一年中孩子曾经找过这个物品吗？

❖ 未来一定会用到这个物品吗？
❖ 拥有许多相同物品，有什么特别的理由吗？

那些具有感情价值的物品，不要花很长时间用主观去思考，而是要用客观标准去快速筛选，决定物品的去留。我们也可以自己定一个标准，再逐渐把标准提高。例如一天丢一个、第二天丢两个，用类似这样的方法，来确定丢掉不需要物品的标准，此后再把标准提高，也是不错的方法。

无法舍弃孩子物品的理由之三：把判断一直往后拖延

没办法舍弃杂物的人，一般来说做事情也常常有拖延的倾向。由于孩子的东西不是父母直接使用的物品，所以更是会影响判断。可是从事整理咨询至今，我打心里感受到，其实对于物品该丢还是该保留，反而孩子比父母更容易做判断。父母看到孩子做出判断的模样，令他们感到惊讶的理由有两点：一是孩子对于要丢的物品的判断能力超出他们的意料；二是孩子丢东西的标准和父母的标准并不一样。因为这些物品的实际使用者是孩子，比起父母，其实更应该尊重孩子的意见。

以我自己的亲身经历来说，我的孩子在四岁以前常常说不要丢玩具，因为我们家玩具也不多，我也就尊重孩子的意见；到了五六岁时，孩子自己会拿玩具去丢，或者在我们问孩子要不要丢时，孩子做肯定回答的次数增加了。这时，孩子已经可以区分物品究竟是自己要的，还是丢了也没关系。

无法舍弃孩子物品的理由之四：用购买时的价值评估

所有客户没办法舍弃的孩子物品中，最常见的就是整套书籍。有位客户的公公送了她一套昂贵的百科全书当作礼物，她完全没办法做到说丢就丢；而孩子也转眼上初中三年级了，平时如果要找资料，也都是通过网络直接搜寻。客户用很沉重的表情看着那箱书，向我说："我们已经搬了三次家，每次搬家，就是把这几个箱子原封不动地搬去新家的阳台或仓库。"其实，我们要看的不是东西过去的价值，而是它现在的价值。有句俗话说："东西留来留去，留成愁吗？"物品过时了，价值自然也会往下掉，甚至变成毫无价值的东西。

现在就让我们看看该怎么清理孩子的这些杂物吧！

1. 和孩子一起清理

如果指着孩子的某个特定玩具问他们还要不要，用这样的问话方式，孩子基本都会回答"要"。不管是谁看了都觉得根本不会再用的物品，只要一聚焦，通通都会变成需要的物品了。所以这时候要用各种方法来引导孩子，让他们可以把东西丢掉。

<u>限定空间</u>　提出具体空间玩具箱的观点。"把玩具数量减少到让全部玩具都可以收到箱子里。""箱子里面还有没有不需要的东西呢？"这时孩子才会把不需要的东西选出来。

<u>把箱子装满</u>　这是和孩子一起玩游戏的有趣的整理方法。

拿一个箱子，告诉孩子："我们现在来找出不要的东西，看看这些不要的东西能不能装满这个箱子？"更有趣的方法是，可以拿两个箱子，用竞赛的方式，看看孩子跟父母谁可以先把不要的东西装满箱子。

一天丢一个 一天选一个已经不需要的东西，跟孩子说："我们来看看今天要丢什么呢？找一个出来吧！"如此一来就可以像做游戏般开心地清掉一些东西。丢掉时，也一定要跟物品道别："谢谢你这段时间陪伴我。"把东西清掉的日子，可以在日历上做记号，也是很不错的方法。

限定总量 如果担心以后要一次性处理大量的东西，可以试试限定日常收纳空间。收纳箱中的玩具太多了，就换一个小一点的收纳箱；书籍太多了，就缩减书柜的空间。这么一来，自然而然就会设立一个比较高的标准，淘汰过期的教科书、老旧的玩具等已经不需要的东西，之后只要多多注意，不再增加就可以了。

去旧换新 不管怎么限制总量，随着时间的流逝，物品还是会渐渐增加。等到新的东西进来了，就应该舍弃已经很旧的东西、有类似用途或设计的东西。"今天我们买新的了，现在从很旧的东西中选一个跟它说再见吧。你现在要跟哪个东西道别呢？"以这样的方式，让物品可以去旧换新，以此来限定总量。

2. 和孩子一起感受分享的喜悦

收到的礼物、从他人那接收的东西、自己买的东西……

孩子的物品中，重复的品类也是相当多，很新的东西没办法丢；如果把状态很好、还可以用的东西丢了，只是为了要用新的东西，又会觉得很浪费。遇到这种情况的话，要不要试着把多余的东西分享给一些家境较困难或有需要的孩子呢？这也是让孩子可以感受分享喜悦的教育啊！

整理孩子房间的第三阶段：整理收纳

日本的整理咨询专家铃木奈穗子强调，无论如何收纳小孩房间都一定要以孩子最为方便、便利的方式来整理，并且她介绍了孩子整理收纳的六个阶段。

- 第一阶段：自己去拿玩具
- 第二阶段：拿着玩具玩
- 第三阶段：不玩了，决定要把玩具收起来
- 第四阶段：把玩具通通放进玩具箱里
- 第五阶段：将玩具箱移到要收纳的地方
- 第六阶段：放回原本位置，收纳完成

如果孩子没有照着这个流程操作，就代表在六个阶段中，有一个以上的部分出现问题了。例如，如果每个物品都没有自己的专属位置，那么第六阶段就无法完成；如果跟箱子的

大小比起来，要放入箱子的玩具太大或是太多，就没办法完成第四阶段；如果放玩具的箱子太重，或是家中门槛太高的话，在第一阶段及第五阶段就有可能会发生阻碍。就算玩具有自己的位置，但这个位置如果相对孩子的身高来说太高，或是出现好几个箱子堆叠在一起的情况，造成拿取不方便，在第一阶段及第六阶段就会需要父母的帮忙了。

也就是说，如果要让每个阶段都能够顺利达成，就要配合孩子的自身情况，并使用适当物品来辅助他整理才行。而其中第三阶段"不玩了，决定要把玩具收起来"，则是当'助推"的真正价值被发挥时，才会出现的行为举动。

充分利用家具和适当的收纳工具

整理孩子房间时，才发现跟要收拾的东西比起来，收纳空间或是工具根本不够用，所以整理咨询顾问到了客户家以后，往往是从帮忙选购家具开始，这样的情况相当多。相反的，也有那种家里收纳空间本来很多，可是东西却分散摆放的情形，这样也是没办法好好整理的。

如果想让孩子自己整理东西的话，就必须好好选择收纳工具的位置及种类。收纳柜最下方的柜子，可以摆放孩子常拿出来玩的玩具。收纳箱也要运用类似洗衣篮所用的那种较安全、柔软的软塑胶材质；最好是选择箱子下方装设轮子的家用收纳箱，在要移动收纳箱时，对孩子来说也比较容易。同时，选用可以看到收纳箱内部的透明箱子会比较理想；如果没办法的话,就要在收纳箱外贴上标签来标明箱内物品。

根据玩具的大小与游戏的种类做适当的分类。分类时,也要考虑到孩子的性格及平时玩游戏的方法。一般来说,会以"木制玩具""组合型玩具""娃娃"三大类来做区分,但是有些孩子会分成"自己玩的玩具""和朋友一起玩的玩具"两大类。有时候,像是在玩铁路玩具时,孩子会拿娃娃当作"客人",所以也可以把这两种玩具一起收纳。喜欢动手做东西的孩子,会把相关的小工具、小零件收在一起,像是素描绘画本、彩纸、剪刀、胶水、蜡笔等,都可以放在一起保管。

孩子的物品可以说是五花八门,而且又都是小小的,所

根据孩子的身高,书柜最下方三层,我用来保管孩子的玩具及书籍,最下方的区域是放瑞珍可以自己直接拿取的玩具收纳箱

〰〰 根据孩子游戏种类的不同来分类放置物品

以整理起来相当不容易。如果每个物品都可以根据它们的特征来好好整理，整理就也可以像游戏一样好玩，孩子自然而然就可以学会整理的方法。接下来要介绍的是根据物品类别而做的整理方法，供各位读者参考。希望大家之后每天按一种类别来整理，整理时别忘了要多多利用照片、图画、文字做成标签来辅助！

物品类别整理法——玩具

积木/大型玩具　像积木或尺寸较大的玩具，建议选用几个大小适当的透明收纳箱；要让孩子可以自己方便移动，用不会太困难的方式来收纳，因此最好选用有轮子的收纳箱，让孩子可以轻松移动箱子。

教具/拼图/桌上游戏　把教具和桌上游戏放在专用的盒子中，然后以横放的方式堆叠在没有上下隔板的架子上。拼图如果没有专门的盒子，就将拼图碎片与拼图底板分开保管，将碎片收到袋中并且贴上标签，底板就全都放在一起，采用直立或是横放的方式保管。

乐高　根据不同适用年龄，全部收到收纳箱中，或者可以根据乐高积木的大小或是颜色来分，收到有分隔的收纳盒中。如果是用尺寸来收纳乐高的话，不要把所有的乐高混在一起，要用专门的箱子来放；如果没有专用箱子，也可以用塑料的资料盒把乐高跟说明书一起保管。

娃娃/中小型玩具　中小型尺寸的玩具，像是过家家所

乐高、拼图、桌上游戏、教具、积木等，都被整理得相当整齐干净

用的玩具、文具类玩具、乐器类玩具等东西，都可以收到相同的收纳箱或是篮子中，用文字或照片做标签。孩子喜欢的娃娃或是迷你车，则可以陈列在架子上。

卡片/纸板游戏　卡片和纸板这类游戏，在根据孩子的喜好分门别类后，可以依据顺序来整理，之后再用橡皮筋绑起来，放到收纳袋里，或是在有隔板的收纳箱中收好。

有的孩子会非常珍惜那些软糖包装纸和空的糖果罐，并且小心翼翼地保管珍藏。在我们眼里，这些可能只是普通的包装袋，对孩子来说也许是相当有纪念性的东西，因为孩子的世界与我们的世界本就是不一样的。这种时候，请尊重孩子的意见与想法，不是什么东西都要无条件地全部丢掉。给孩子一个可以保存他的收藏物的秘密小空间或是宝物箱，让孩子自己管理他们的物品吧！

物品类别整理法——学习工具

书桌上　孩子经常使用的笔要放到笔筒里；便笺纸、笔记本、胶水、剪刀等可以放到收纳篮中；从学校带回来的通知书、讲义等则可以收到资料夹中；废纸箱和垃圾桶要放在靠近书桌的地方，当有垃圾或废纸时就可以马上丢掉，不会堆在书桌上。

书桌抽屉　一个抽屉可以放书写文具及手工用具；一个抽屉可以放一些电子产品和孩子自己感兴趣的东西（信纸、弹珠等）；剩下的抽屉可以放美术用品和乐器类的东西。抽屉前面可以贴上大标签来标示，在抽屉里则可以摆放几个尺寸较小的收纳盒或大的分隔型收纳盒，分隔内最好也贴上标签，物品不要混着放会比较好。

<u>文具类</u>　抽屉中放入分隔型收纳盒或是长条型收纳盒，再将文具根据种类的不同分别摆放，如果有很多绘画的用品（彩色笔、签字笔、马克笔、奇异笔、萤光笔等），就可以把抽屉利用几个长条型收纳盒再做区分，让每一种笔都可以分别放进不同分格中，并且用标签标注清楚。

<u>手工用具</u>　把彩纸、贴纸、多余的便笺纸放到收纳袋中，胶带、剪刀、胶水、订书机、美工刀等也不要散放在抽屉中，

～～～ 文具用品根据种类分别收放好，书桌上保持干净整齐的状态。

最好使用几个小型收纳盒收好放到书桌抽屉里。如果孩子常常会用到这些手工用具的话，就不要把它们收到抽屉里，可以把整个收纳盒放在书桌上；做开放式收纳也是很不错的选择。不同种类的图画纸可以卷起来，以直立的方式放在桶子里收好；素描绘本或是其他练习本，则可以直立收在书架上。

物品类别整理法——书本

书 首先，根据书的类型分好类。如果是有顺序的书，就照顺序摆放，全套的书籍就不一定必须按照顺序，只要整套摆在一起就可以了。如果没有顺序的话，就按照书本的开本来摆放，这样会让书柜看起来比较整齐、舒服。尺寸较小的书，可以横放在吊挂型收纳篮中，再把收纳篮挂在书柜中；或是在书柜中放入收纳箱，把尺寸较小的书通通放在收纳箱中。在书柜最下层的地方，可以摆放相簿或是百科全书这类比较重的书籍，此时要注意不要把书摆得太紧密，因为摆得太紧密使得取书或放书都会很不方便，最好保留充分的空间。

测验练习本/参考书/讲义 还没使用过、放着不动的测验练习本或是教科书，反而会降低学习欲望。因此要把那些练习本及参考书整理好，尽量让孩子不会觉得有负担，可以集中精力在现在的课业需求上。现在正在用的测验练习本、参考书或是讲义可以放到三层式的文件收纳架中，分别收放。如果没有文件收纳架的话，也可以用书立来分格固定位置；参考书按照书本高度及重要程度依次摆放；测验练习本要依照使用的方便程度，以科目来整理。书架下方也要贴上标签，以容易看到的方式来清楚标示，这样才能容易维持。

<u>奖状/作品</u>　　要丢掉孩子亲手做的作品不是一件容易的事。如果在孩子不知情下丢掉，还可能会对孩子内心造成伤害。孩子在意的其实不是要不要把它们丢掉这件事，而是他的作品有没有被好好欣赏。因此，父母可以给孩子的作品一个展示的空间，同时告诉孩子这个空间有限，所以请他挑出自己最喜欢的作品。父母可以把手工品陈列在书柜的其中一

～～～　（左上、右上）测验练习本、参考书及其他书籍都分类整理好的书桌与书柜

～～～　（左下、右下）把孩子的奖状及作品放到有透明分页的资料夹中保管会比较好

格，或是将孩子画的图画贴在家人随时都可以看到的玄关、冰箱上，其他的作品就放到收纳箱或是有透明分页的资料夹中保管；而没办法保管的作品或是六个月以上的作品，就拍张照片留念之后丢掉。

家庭通知单　有些孩子常常会忘记把从学校带回来的家庭通知单拿给父母看或是根本就弄丢了，所以父母可以在孩子书包里放一个资料夹，叮嘱孩子一拿到通知单就放到资料夹中，或者要好好夹在联络簿中带回来。如果夹在联络簿中，在把通知单对折时，要将有文字印刷那一面朝外对折，这样才不容易忘记。

物品类别整理法——生活用品

衣服　孩子的衣服因为尺寸较小，故可以在衣柜里设置几根伸缩杆，这样就可以让衣柜收纳更多的衣服。上方的伸缩杆可以挂非当季的衣服；下方的伸缩杆可以挂当季常穿的衣服。孩子的衣服也最好选用儿童专用的衣架来挂。

孩子的衣服很多都是需要折叠的，如果有充足的抽屉会比较合适。抽屉的空间够宽敞的话，可以放入隔板或是收纳篮来分隔抽屉的空间；衣服不要横着叠放，而是要直立收纳。婴幼儿的裤子因为尺寸较小，可以将裤子卷起来直立收纳。

袜子/内衣裤　袜子和内衣裤尺寸更小，最好选用几个分隔较多的收纳盒，每一格可以放一两个；或是可以用橡皮筋套在一般收纳盒上，只要把袜子或内衣裤用不易散开的方式折好，即使不用有隔板的收纳盒也是可以做好分类的。

发饰 有女儿的家庭可能常听孩子有类似"今天我想要用蓝色的发圈来绑头发"的要求，所以建议父母用颜色来给发圈做分类。可以利用有分隔的收纳篮或是有隔板的塑料收纳箱，把发圈和发夹分开放好。如果没有收纳篮或收纳箱，也可以利用几个小桶来分别收纳。发箍则可以用冰箱专用的塑料收纳盒，根据颜色来区分，以直立的方式放好。

包 书包或背包是绝对不能放在地板或是沙发上，这是必须严格遵守的铁规。可以在书桌旁设置一个挂勾用来挂包，

〰〰〰（左）瑞珍的衣服通通放在同一个地方保管，这样的话孩子就会清楚知道自己的衣服、内衣裤、袜子在哪里

〰〰〰（中）比起把每件衣服都挂起来，把衣服折好、直立放入抽屉中，可以收纳更多的衣物

〰〰〰（左）袜子和内衣裤也要用不易散开的口袋式折法折好，放到收纳篮中，这样孩子自己去放时，即使是用丢的方式也不会轻易散开

〰〰 放在整理收纳盒中的发圈、发箍等饰品

或者如果不喜欢用挂的，觉得用挂的很不方便的话，可以叫孩子把书包放到大收纳箱里或是床头柜上。补习班的背包利用专门放包的收纳箱来收纳会比较好，收纳箱的空间大概可以放到六七个一般孩子的包包，空间足够，加上它的尺寸刚好也可以放到衣柜里面，所以只要柜门一关，房间就会看起来很整齐。

鞋子 因为孩子的鞋子尺寸小，所以可以买两根较细的伸缩杆放在鞋柜中间，让一层鞋柜变成两层，这样就可以放入更多的鞋子。因为每双鞋子的大小都不一样，所以设置伸缩杆时可让两根杆子间距窄一点，这样的话有的鞋子可以用直立式摆放在上面。而婴幼儿的鞋子更小，可以以直立式的方法放在收纳箱里。

整理孩子房间的第四阶段:清洁打扫

整理收纳和清洁打扫是不一样的,但在小学的综合活动教科书里,却将整理收纳与打扫清洁混为一谈来教导学生。打扫是指把垃圾丢掉,利用吸尘器与抹布把灰尘还有污垢清除掉;而整理则是把不要的东西丢弃,新买进的东西安排一个固定的位置,使用之后也要放回原位。

所谓打扫	所谓整理
·清洁垃圾 ·用吸尘器吸一遍 ·用湿抹布擦	·丢掉不用的东西 ·每个东西都设定固定位置 ·东西使用完后,要放回原位

因为整理收纳与打扫清洁是不一样的事情,所以要分开来做才是正确的。因此在开始打扫前,用诸如"先整理吧""先把垃圾都丢掉""都整理好了,那妈妈先来扫地板,你再来擦地板"这种把整理与打扫区分开来的说话方式会比较好,如此一来,孩子才会理解在打扫清洁之前一定要先整理好的道理。

除此之外,如果可以准备儿童专用的清洁工具,会让孩子在打扫的时候更开心。像是篮球架造型的垃圾桶,孩子方便使用、尺寸较小的扫把跟簸箕,便携式手持吸尘器,或是跟孩子的手差不多大小的绒毛抹布。有了这些工具,可以让孩子在打扫时更有乐趣。

打扫清洁完之后,别忘了称赞孩子:"哇!擦得真的好干净,现在家里一点灰尘也没有,变得好干净、好舒服啊!"

小贴士

学习有趣的整理游戏

1. 消灭脏衣服小游戏

1)准备物品:要洗的衣服、洗衣篮。

2)游戏方法:

▶ 孩子跟妈妈各自拿一个洗衣篮。

▶ 限时一分钟,看谁收集到要洗的脏衣服最多。大喊"预备,开始!"后就开始拿着洗衣篮在家里各个角落找被乱丢的脏衣服,把要洗的脏衣服捡到洗衣篮中。

▶ 时间到了之后,在洗衣机前面集合。现在要进行的是把脏衣服丢进洗衣机。妈妈负责挑出白色衣服,孩子负责挑出有颜色的衣服,之后再丢入洗衣机中,看谁丢得多。因为有颜色的衣服通常比白色衣服多,所以小孩要做更多事情,但胜利的感觉会让他们更开心。

▶ 洗完衣服之后,则要进行"折衣服游戏"。这是一个看谁能够把衣服折得又快又整齐的游戏,利用比赛,让孩子喜欢折衣服。

3)游戏效果:通过游戏,孩子会更了解洗衣服的过程,也可以把白色衣服和有颜色的衣服分开。

2. "排身高"小游戏

1）准备物品：箱子（小书架）、各种不同尺寸的书。

2）游戏方法：

▶ 准备好一个空箱子（或者空的小书架），做一个专属于孩子的书柜（也可以利用原本家中就有的书柜）。

▶ 把孩子最喜欢看的几本书、父母喜欢的书等不同种类与大小的书放在一起。

▶ 根据书的类别及大小来分类。

▶ 把书通通分类好之后，以放得下书本为原则，在箱子（小书架）上贴上姓名贴纸。

▶ "来，让我们帮书'排身高'吧，个子高的书摆在左边，个子矮的摆右边。""这本个子比较小，那么就排右边吧！还是比较矮，再往右摆吧！"根据书的高度与大小来做整理。

3）游戏效果：可以增进基础的分类能力。

3. 看谁装得快？

1）准备物品：玩具、收纳箱。

2）游戏方法：

▶ 和孩子拿玩具一起玩，游戏结束之后，如果孩子没有打算要收玩具而是跑掉不管的话，此时就可以跟孩子提议来玩游戏。

▶ 在散了一地的玩具前，比赛看看谁的收拾速度快或者可以把较多的玩具放到收纳箱里。

▶ 可以一边唱歌，一边根据玩具的大小及颜色来分类收拾。

▶ "这样整理，下次要拿出来玩才比较方便啊！""要这样整理，玩具才不会不见呀！"一边整理，一边跟孩子这样对话，让孩子了解整理收拾的重要性。

3）游戏效果：结束游戏之后，看到整理得既干净又整齐的空间，可以让孩子充满成就感。

4. 找出我的另一半

1）准备物品：收纳柜（收纳箱）、各种大小的鞋子（大人的鞋子、小孩的鞋子、室内拖鞋等大小不同与用途不同的鞋子）。

2）游戏方法：

▶ 把放在玄关、没有收进鞋柜里的大小和用途不同的鞋子全部混合放在一起。

▶ 先跟孩子说明鞋子的大小、模样有什么样的差异。

▶ 把所有不成对的鞋子排成一列，问问孩子有没有觉得哪里奇怪。

▶ 父母随便拿起一只鞋子，要孩子找出这只鞋子的另一半。

▶ 找到另一半鞋子后，让孩子说说看这双鞋子是什么模样、是谁的鞋子、什么时候会穿这双鞋子等，让孩子观察鞋子的模样与用途。

▶ 剩下的鞋子也继续依照大小与模样找出另一半。找齐的鞋子就可以收到鞋柜或是收纳柜中整齐摆放好。

3）游戏效果：通过匹配鞋子，刺激孩子发展解决问题的能力。

5. 哪里需要它？

1）准备物品：特定空间里需要的物品（浴室——肥皂、牙刷、毛巾；厨房——筷子、汤匙、锅子、杯子；衣柜——袜子、内衣裤、上衣、裤子、裙子）。

2）游戏方法：

▶ 在客厅里，把东西通通摊开，一个一个拿起来，问孩子这是哪个地方需要的东西。

▶ 孩子回答后,告诉孩子正确答案,并且与孩子分享这个物品的用途以及应该怎么使用。

▶ 请孩子拿着这个物品,将东西放回它应该处在的位置。

3)游戏效果:通过游戏,孩子可以学习到各种物品的用途与位置。

6. 贴上表扬贴纸

1)准备物品:图画纸、笔记本、彩纸、剪刀、胶水、彩色笔、贴纸。

2)游戏方法:

▶ 和孩子一起在笔记本或是图画纸上画出格子大小足够贴满贴纸的日历。

▶ 选择孩子喜欢的卡通人物、动物或是花等,并画在彩纸上。

▶ 剪下来做出颜色不同的贴纸,之后可以贴在日历上。

▶ 选择一个容易看到的地方,将贴纸板贴上。

▶ 每天整理结束后,如目标达成的话,就可以在日历上贴贴纸。

▶ 整理玩具,就贴黄色的;整理衣服,就贴蓝色的;整理书,就贴红色的……根据孩子的个性,来区分贴纸

▶ 一周的最后一天,计算本周整理的次数。

▶ 阶段性的目标达成的话,就可以送给孩子喜欢的东西当作奖励,并且设定下一次的目标。

3)游戏效果:设定目标后,每天固定会去填满日历,这样的话孩子的责任感会逐渐形成。目标达成后,通过奖励,让孩子不只是得到称赞与补偿,同时也可以让他们了解和体会"等待"的概念。

培养孩子梦想的时间整理法

跟时间赛跑的妈妈们

与好久不见的前同事K小姐见面,她看起来面有倦容而且精疲力尽,所以关心地询问她最近是不是很忙。一问才知道,原来她的孩子最近开始上学了,孩子开始上学之后,每天她都忙得气喘吁吁、精疲力尽。我问了她昨天的日常生活,她是这样回答的:

"昨天?一早起来就忙着弄孩子上学的事情,然后就赶去上班。因为今天的会议我要发言,昨天本来是要跟同事一起加班、做最后的总结,但是由于我先生外出,他会晚回家,所以就请同事把资料发给我,我回家以后再来做最后修改。下班时间一到,我只能小心翼翼地在其他同事的注视下赶紧离开公司。去幼儿园接老二回家后,再过一阵子,老大从补习班下课,虽然补习班会有专车送回家,但还是得下楼去接。等老大也回到家,我就和孩子们一起吃晚餐。还做了什么事呢？我想想。啊，还要检查老大的作业。之后先生回到家里，说他还没有吃晚餐，我又准备了老公的晚餐。等老公吃饱了，和孩子玩的时候，我又赶快把碗筷洗一洗、顺便把脏衣服丢进洗衣机里，之后再赶快帮小孩洗澡、哄小孩睡觉。

差不多到晚上十一点，我才开始准备今天会议要用的资料。刚坐在餐桌前打开我的电脑，突然又想到家里洗衣粉和洗发液用完了。每次回家的路上，都想说一定要记得买，却总是不小心忘记。所以，趁当时想起来赶快到网上把家里需要的一些东西买一买。结果，不知不觉中时间竟然就已经晚上十二点了，这时才有空打开电子邮箱，把资料拿出来看。刚打算做事，就觉得眼皮变得很沉重，特别想睡觉。虽然资料整理得很不满意，但也只能赶快把发言大纲拟好，半夜一点就赶快去睡觉。今天早上七点就到办公室准备发言资料，会议发言也马马虎虎、差强人意，不过总算顺利结束了。但是，同事们发来的资料，我只是全部整理放在一起，几乎没做修改，内心对其他人觉得有些抱歉。"

曾经我只是在脑海中想象过职业妇女忙碌的一天而已，但是听了她的情况之后，"职业妇女的一天"却真实呈现在我的眼前。昨天一整天中，她几乎没办法为自己保留一点点时间，完全被时间追着跑。根据2014年韩国雇用情报统计处的资料显示，韩国有 42% 的人认为自己的时间非常不足，即处于人们常说的"时间贫困"状态。如果要兼顾工作与生活，最后就只能牺牲用餐时间与睡眠时间了。可是，这两个时间一旦被缩短，就造成了慢性疲劳与生产效率低下。特别是女性，比起一般男性，她们陷入时间贫困的比例要高出许多。据统计，韩国大约有 920 万人没有足够的时间，其中有 510 万名女性，占总人数的 56%。如果又是职业妇女的话，工作、育儿与家事样样都要兼顾，更是饱受时间不足的痛苦煎熬。

父母的时间整理原则

孩子的时间管理，可以说是对父母的时间管理的反映。因为孩子的时间管理深受父母的生活方式、态度以及养育价值观的影响。但是，即使每分每秒都很珍惜的父母，在时间管理上可能也没办法都做得很好。特别是妈妈们会因为自己在工作、家庭生活、育儿上没办法兼顾而感到不满足，甚至还会受到自责感的煎熬。

有好长一段时间，大家都认为时间管理的关键是"均衡"。但是，如果要掌握"均衡"的话，就会产生"想要把所有事情都做好"的欲望，从而被牵制住。对于女性来说，为了管理时间这个有限的资源，往往会因为不知道每一件事情要做到哪种程度才算是"适当"而感到痛苦。比起"均衡"，更重要的是"掌握重心"。那么，如果想要掌握生活重心的话，到底有哪些方法呢？

首先，家务应该由全部的家庭成员一起分担，也要善用电子产品与适时接受服务。当今社会逐渐重视育儿相关的社会福利制度，也渐渐扩大范围，提出了职场文化需要改变的必要性。但是，要解决燃眉之急，期待国家支援或是整个社会的改变之前，先从个人角度开始想办法也许会比较快。最好的方法，就是夫妻俩一起分担家务与育儿工作。先生分担家务，是现今双薪家庭急剧增加的社会所必要的，不仅对孩子来说是相当好的典范，在夫妻之间也会产生情感上的互相支持，在家庭经济上更会有所帮助。同时，也可以使用烘衣机、扫地机器人、洗碗机等家电用品，可以节省更多的时间与体力在做其他家务上，或者也可以考虑请家政人员一周一次或两次来家里帮忙打扫。

其次，在育儿道路上，与其他事情相比，最重要的是对"自己"要有信心。已经过时的育儿建议、在社交软件上被大家一传再传的育儿相关专栏文章、身边朋友善意的忠告，要把这些资讯通通消化完，可是需要花很多精力、体力，乃至时间。所谓的专家权威、亲朋好友、育儿前辈等，他们说的话似乎比"我"听起来更有说服力、更加有把握，但是"我"的孩子只有"我"最清楚啊，而且每个家庭的生活方式、作息习惯也都不一样，会有属于家庭自己的方式。在育儿过程中，反复经历的事情，是所谓的成为父母的必经道路。

要成为所谓的父母，并不是简单地从别人那里接收他人已经知道的事情，而是要通过自己摸索、学习，找出正确解答的过程，这才是成为父母的必经之路。

最后，一定要选择一件自己有兴趣并且做了之后内心会感到很快乐的事情。这里所谓"做快乐的事情"，不只是单纯的指那些可以带给身体上愉快感受，或是让你瞬间获得满足的事情，而是指能在你内心深处发酵，让你觉得有非常珍贵的价值而且不违背自身的价值观，同时也是可以一辈子一直继续下去的事情。当你选择某件事，让你相信这件事情是有价值、有意义的时候，你就会感受到内心的平和与喜悦。为了能做到这件事情，就必须根据需要来做取舍，有时候你必须要懂得坚定地拒绝其他杂事。如果无法拒绝其他杂事，你就得按照"先来后到"的原则处理每一件事情，最终牺牲掉的是你原本最想要做的那件事。

具体地实践有效管理时间的方法之一，就是整理出"当下必须少做的事情清单"。这些要少做一点的事情，不只是那些会让自己变得不开心、意志消沉，或是做了之后心情会变得很沉重的事情，还包括了那些会在不知不觉中花很多时间的事。例如网上购物、看电视等，这些事情会"偷"走时间，因此要把这些事情通通列到清单中。

列清单时要注意，这张清单只适用于你本身而已。"不管怎么说，这件事应该要做，因为别人都有做。如果没做的话，不知道别人会讲什么闲话，没办法啊！"即便有这样的念头，你的心意也不该有所动摇，把所有对自己没有好处甚至可能造成自身损失的事情，一个不漏地通通写下来。不要想"怎样做才能把清单上的事情通通做完"，而是要去思考"哪些事情不做也没关系，哪些事情可以花少一点的时间去做"。

第二个方法是争取黄金时间。所谓的"黄金时间"，是指可以腾出一段单纯属于自己的快乐时间，并且坚持拥有这段只属于自己的时间。它可以是清晨比平时早起一个小时去运动，也可以是在孩子睡午觉的那一两个小时里写写自己的博客或是看看自己喜欢的电影。多多利用零碎的时间也是不错的选择。像是上下班通勤时间就可以拿来看书，如果这样做的话，每天就可以腾出固定的两小时来看书了。在你所设定的黄金时间里，要让自己尽可能不受妨碍与打扰，可以的话就把手机关机，或是请家人帮忙在那段时间先帮忙处理事情；要不然就干脆出门，避免受到干扰。

整理时间的最终目标是为了获得"内心的平和"。我们整理时间，并不是为了做到让每件事情都成功，以获得自己或他人的肯定评价，而是为了让自己的内心感到平和快乐。时间整理是将生活中的细微的杂事去除，将分散的生命碎片全部聚集在一起，使时间可以更加完整地被利用。有一句至理名言是这么说的："先做大事吧，如此一来，那些小事就会自动被解决掉。"但务必切记，对我们而言的"大事"，并不是他人给予的任务或是义务，而是我们自己选择的想要做的那些事情。

> **方案**
>
> Q：请列出"当下必须少做的事情清单"。
> *
> *
> *
> *
> Q：请设定你的黄金时间，以及想要在这段时间做的事情。
> *
> *

孩子的时间整理法第一阶段：培养习惯

现在就让我们来看看帮助孩子做好时间整理的方法。

时间并不是用眼睛能看到的东西，连大人要做好时间管理都不是件容易的事情，对孩子来说实在是太困难了，要孩子自己做好时间管理几乎是不可能的事情。就算孩子已经会看时钟了，但要他们自己决定在几点几分做什么事情，对孩子来说是非常困难的事情。

但是，也不要因为觉得教孩子整理时间是件太困难的事而裹足不前，其实这就跟空间整理的基本原理一样。就像要在空间中先找到目标一样，首先你找出时间的目标就可以了。

在孩子的成长中,最重要且优先的是,必须让他们养成正确且良好的生活态度与习惯。就好像在整理空间时,每个东西都有自己专属的位置一般。当你养成这些好习惯之后,也就是为每天要做的事情找到了对应的时间上的"专属位置",当每天该做的事情在该做的时间内做完时,就好像是东西物归原位一样,这也就是说我们常说的"在正确时间做正确的事"。

美国心理学家威廉·詹姆斯在1982年时曾说过:"有着固定生活形态的我们的人生,不过就是由一堆习惯所聚集在一起的生活罢了。"《习惯的力量》作者查尔斯·杜希格指出,虽然我们认为我们每天反复做的这些选择,都是经过自己相当慎重且仔细地思考过后所产生的,但是其实大部分的选择,都是根据我们的"习惯"所做出的。像是每天吃的食物、要花多少钱、要存多少钱、多久运动一次,虽然每一个习惯彼此之间看起来好像没什么太大的关联,但是根据你的思考判断,以及你怎么去安排每天的作息,产生的结果却会对你的健康、生产力、经济上的稳定及幸福有着无比巨大的影响。

虽然要孩子养成一个好的习惯并不容易,但只要稍微努力,即使父母不在一旁唠叨,孩子也可以自己把事情做好,做出正确且良好的行为。让我们先来看看习惯形成的原理。

习惯形成的原理

英语学习中,有个"组块"(chunking)的概念。所谓的组块，字面意思就是说"组成一块"，将好几个单词绑在一起，再去掌握其意义。例如，"I want to have time with my family"这个句子里，如果把单词一个一个拆解来分析句子的话，"I"是"我"，"want to"是"想要"，"have"是"拥有"，"time"是"时间"，"with"是"和某某在一起"，"my"是"我的"，"family"是"家人"。但是，这样的方式太花时间，一个句子在脑中还没分析完，连下一句对话也错过了。可是如果利用"组块"的方式来分析，就会更容易让人理解。如果将句子分成两大部分，"I want to have time"是说"我希望能有时间"，"with my family"是"和我的家人在一起"，这样的话就会理解得更快，也使句子更容易理解了。

之所以这么详细说明所谓的组块化学习方法，是因为养成习惯的秘诀也跟组块的概念有关联。就跟逐个分析单词速度很慢，而把几个单词绑在一起来理解就可以减少大脑要处理的情报一样，把必须要做的几件事情绑在一起，使这几件事情自动关联，这样就可以减少处理这些事情的时间，也不会花太多的精力，就可以一次处理好很多事情。这个就是习惯的形成。

有关短期记忆的研究指出，大脑对于一连串行动的机械式关联之变化过程称为"组块"。我们每天都会反复做至少数十个相同的行动组合。例如起床后马上去上厕所、拿起牙刷挤牙膏等简单的行动，又或者像是穿衣服、准备小孩子的午餐等较为复杂的行为。刚开始做会觉得复杂又困难，但是已经习惯这些行动的人，对于这样一连串的事情，并不用多做思考就能很流畅地做完一连串的行为。

例如，把"回到家里"和"立刻洗手"这两件事情绑在一起，或是把"进到房间"和"把书包放到该放的位置"这两个动作联动起来，就不用刻意花两段时间来处理这两件事情，而是形成一连串的流畅行动。

制定有效的习惯养成规则

所谓的生活习惯就是要遵守时间，因为只要我们错过时间的话，一些零碎小事就会变成我们想要无限拖延的事情。但是，对于时间观念还很薄弱的孩子来说，在现实生活中，要他们清楚知道在每段时间做该做的事情是很困难的。这就跟指导不会整理的人一样，要他们决定每一格放什么东西或是叫他们把东西放整齐，也是件既困难又麻烦的事情。这就是为什么放寒暑假时，就算费心给孩子画了一个像时钟的圆

圈,再根据时间来区分该做事项,形成一个生活计划表,最后也会变成三天打鱼、两天晒网,成为一点用也没有的东西。

对于时间观念薄弱的孩子,当然还是有适合的方式来制定有效生活规则,可称之为"If-Then 计划"。这个计划是以"如果是 X 的话,那就是 Y"的方式来制定规则。所以,如果生活中发生了所谓 X 的事情,在这样的情况下,它就成了采取 Y 行动强有力的信号与动机。在某种情况下,给要做的具体行动制定一个规则,这样一来就不会拖延了。就跟"回到家要洗手""补习完回到家要写作业"一样,让孩子去习惯规则,这比起一直唠叨"去洗手"、只管对着孩子说"回到家先洗手"的方式会更有效果。反复几次之后,等到孩子习惯了,即使之后父母没有每件事情都叮嘱,"情况"本身就会自动传递信息给孩子,告诉他们现在该做什么了。

如果孩子的年纪还很小的话,比起一次性制定很多规则,最好是一个一个慢慢来,循序渐进,逐步增加。而且,全家人也要一起遵守,以身作则,才不会让孩子感到混乱。当孩子有乖乖遵守规定,一定要称赞他们:"哇!已经把功课都做完了,心情很轻松吧?真是做得太好了!这一定要给乖宝宝奖励个贴纸啊!"通过给予奖励与正向评价,可以强化这样的好心情,也能使效果加倍。

如果孩子已经是小学高年级的孩子,不要对他们啰唆,也不要提醒他们该做什么事情,而是要提出一些问题,让他们能够自己思考:"最后一个把卫生纸用完的人该怎么做才不会给下一个使用者造成困扰呢？""明、后天是家教老师要来的日子，是不是今天先把作业写一写，明天才不会又赶又累呢？"用这种提问的方式，让孩子自己思考，达成目的。

> **方案**
>
> Q：请试着用"If–Then 计划"的模式写出孩子一定要遵守的生活习惯。
>
> _____
> _____
> _____
> _____

利用时间区块来养成生活习惯

孩子一天一天长大，要做的活动、要看的书、要写的作业渐渐变多。因此，对一些基本的事情必须养成习惯，这么一来，就算不用费很多力气也可以自觉把这些该做的事情做完。此时，就要对时间做出划分，管理好时间才会有效果。孩子的日常生活中，最重要也是最主要的活动，就是上学（包含去托儿所、幼儿园）。每天的时间区块要以学校、补习班为重心，以"上学前""放学后""去补习班前/后""睡觉前"来做区分，时间久了，在每个时间区块里，那些必定要做的事情，孩子就会照着一定的流程自觉完成。

<u>上学前</u>：告诉孩子起床后必须要做的一连串事情。如果

是给已经会认字的孩子看，早间行程表用比较大的字写下并贴在容易看到的地方，也是不错的方法。早上要做的事情大致可以细分成洗脸（漱口）、穿衣服、吃饭、拿书包、去学校等，切实规划固定的起床时间和吃饭时间，并且设定闹钟，这样的话孩子就不会拖拖拉拉了。

<u>放学后</u>：回到家后，孩子立刻把书包放回固定的位置，整理从学校带回来的讲义、通知单，放到固定的收纳位置。另外，父母可以准备一些健康的零食放在固定的地方，让孩子可以自己拿来吃。最好也规划一个固定的休息时间，可以是下课回家后休息约一个小时，或是睡觉前一两个小时，让孩子有自由活动的时间。

<u>去补习班前/后</u>：事先决定要在什么时候写学校或是补习班的作业——在吃完点心后写，还是从补习班回家之后马上写。如果孩子年纪已经够大的话，就让他们自己决定时间。还要规划完成作业、整理书包（准备第二天要带的东西）、家务等事情，要在几点之前全部完成。在那时间之后，就可以和家人一起休息，或是可以有自由支配的时间。

<u>睡觉前</u>：先把第二天上学需要的东西通通检查一次，这样早上起床后就不会手忙脚乱。像是第二天要穿的衣服，甚至第二天要梳什么样的发型，都在睡觉前决定好，父母也可以买一个孩子喜欢的卡通人物造型的闹钟，教他使用方法后，让孩子睡觉前自己调好闹钟，第二天早上就可以自己起床了。

★和孩子一起试试看吧!

Q：试着规划你们家的专属时间区块，把要做的事情按照顺序写下来，和孩子一起分享顺序以及该完成的时间。

时间区块	开始及结束时间	该做的事（组块）	中间休息时间
上学前			
放学后			
去补习班前			
补习结束后			
睡觉前			

引导孩子使用时间管理工具

　　市面上有各式各样的工具，可以帮助孩子熟悉每天的行程（时间表）与待办事项，既然是让孩子可以活用的时间管理工具，要做的工作自然就是指导孩子将该做的事情做好时间管理。一开始，可以由父母主导使用这个工具，并且教孩子使用方法，如果孩子可以立即上手的话，就可以让他们直

接使用看看；如果是比较困难的，就可以先告诉孩子使用方法，再渐渐放手让他们能够自己使用。

<u>时钟</u>：时钟是最基本的入门级的时间管理工具了。孩子到了小学一年级左右，就可以教他们基本的看时钟方法。看懂"时"对孩子来说相对比较简单，但是要看得懂"分"，就要先让孩子了解六十进制法，这可不是件容易的事了。家长可以先告诉孩子，就时间来说，一小时为六十分钟，六十分钟的一半是三十分钟，三十分钟的一半是十五分钟，以这样的方式给孩子灌输时间的概念。同时也要让孩子了解，所谓的时间是过了就不会再回来的，而且是不停地在流失，所以到了特定时间该做事情就一定要做，该结束时就得结束。

<u>闹钟</u>：通过发出声音的信号，告诉孩子该做的事情和开始做的时间到了。如果使用孩子喜欢的卡通人物造型的闹钟，对孩子准时起床有一定的帮助。也可以利用手机闹钟来设定上学时间、去补习的时间，这类每天反复要做的事情，利用手机可以重复设定的功能，如此一来就不会忘记这些每天该处理的事情了。

<u>秒表（计时器）</u>：设定待办事情的开始时间与结束时间。秒表的使用规则是，一定要把注意力集中在某一件特定事情上，当铃声响起，就一定要结束。秒表可以在吃饭时间、写作业时间、玩电脑游戏时间、使用智能手机时间等方面使用，以此来限制使用时间。

<u>日历</u>：要留意的一些学校或家庭的重要活动以及这些活

动需要事先准备的物品，又或者是朋友生日派对、与朋友的约会、校外教学、运动会、旅行、爷爷奶奶的生日等，都可以利用智能手机的日历设定提醒功能来反复提醒，即使过了一年，也不用特别费心重新输入；还可以设定预先提醒，提前准备礼物，对生活也是相当有帮助的。

笔记本（联络簿）：把学校和补习班每天的作业或必带物品等抄写下来，以免忘记做这些每天要做的事情，不要用好几个笔记本来记，必须固定用一本，就像待办事项表一样，可以在待办事项的前面画个小方格，当事情处理完后就在小方格中打勾。

资料夹/资料收纳盒：学校和补习班发下的讲义或是通知单，带回家后为了不忘记，从书包里拿出来后就要立刻放到保管的地方，这样也可以与爸爸妈妈一同分享。因此最好是在书桌上放一个资料收纳盒。重要的不是保管好材料，而是使讲义上或通知单上的资讯不被遗漏，等到学会了或是被通知事项做完了，就可以从资料收纳盒中清掉它们，这才是最终目的。

日记：每天发生的事情虽然大同小异，但是发生大大小小的事情，孩子的想法或思考每天都会有变化，他们每天都在进步。写日记不仅是写作能力训练，也可以培养孩子将自己的情感、思绪、想法好好整理。回顾世界各国伟人的生活，许多伟人都有固定撰写日记的习惯，这可并不是偶然。日记种类也有很多，像是每日日记、感谢日记、失误/成功日记、疑问日记等，不同主题可以写出不同的日记。

<u>便条</u>：使用便条记录的事情最好是有时效性的，并贴在希望事情进行的场所，来提醒自己不要忘记。如果不是很急的事情，也可以利用便条纸来与家人做简单的沟通，或是当作提醒自己不要忘记的小摘录。可以把便条贴在自己或是对方看得到的醒目的地方；当目的达成之后，为了避免到处堆了很多没用的纸条，要立刻清掉便条。

<u>A4纸</u>：每当我们看到A4纸，不知道为什么就会产生在上面写些什么或是画些什么的想法。不受局限地书写、画画，或者可以将脑子中的想法、思绪、所知道的情报写下来，这些都很不错。如果活用思维导图或是图像思考，将平时学到的东西画在A4纸上，对刺激学习和产生创意也相当有帮助。

时间管理的核心在于养成良好且正确的习惯，由孩子自己来管理自己的所有事物。如果要让一连串行为成为孩子生活习惯的话，不能只告诉孩子物品的使用方法，而是要在实践的必要时候给予孩子坚定的指导，使孩子能够做出正确且适当的行为。

孩子的时间整理法第二阶段：创建优先级概念

孩子发展过程的优先顺序

有一句话是这么说的："玩就是孩子的本分。"虽然我们会送还没上学的幼儿或是小学低年级的孩子到学校等教育机构，也会请家教来家里指导学习，但是这些年幼孩子的"本分"就是自由自在地玩耍。不仅如此，如果把学习与玩耍区分开来，要排优先顺序的话，对孩子来说，读书这回事并没那么有趣，所以要边玩边学习，或者就算是学习，也要设计得像游戏一样好玩才行。最好的方法是根据不同时间点创造机会，让学习可以在孩子的日常生活中自然而然地产生。

特别是对还没上学的孩子而言，最好是以伸展肢体的身体活动或者可以培养创意的活动为主。要让孩子充分感到有趣，但是必须提供数量适当的玩具；除了玩具以外，也可以准备一些美术用品、日常生活用品等，提供一个可以让孩子自由发挥想象力以及进行创意性活动的环境。最好能让孩子和朋友到彼此家中一起玩，也可以一起去公园享受大自然环境，或是到图书馆培养读书的兴趣。

最近在父母间流传着一句话："孩子是靠小企鹅 Pororo 养大的。"由此可见，新媒体给父母们带来了如黄金一样珍贵的自由时间。如果能善用电视、电脑、智能手机等电子产品，就能让孩子快乐学习数字、刺激孩子对颜色的感知、使孩子享受音乐旋律；也可以利用智能点读笔，帮助孩子在阅读时增添更多的乐趣。但要小心的是，因为电子产品很容易产生使孩子沉迷的情况，所以一定要明确规定适当的使用准则，像是什么时候可以使用、可以使用多久、要在做完什么事情后才可以玩等方面都要和孩子一同商量，明确使用规则并且要坚守原则，这样孩子才不会沉迷电子产品。

上学之后，父母就会开始担心"孩子在功课上会不会跟不上其他司学"，因而感到心急、焦虑。在小学低年级这个时候，课程的目的并不是把各个科目的知识通通塞进孩子脑子里，而是要让孩子能够掌握基本的阅读与计算能力。写作业的目的，比起让孩子理解教科书里的内容，其实更重要的是让孩子学会以脚踏实地的态度来面对学校的课业规定及学生应尽的义务。

因此，父母平时可以通过与孩子对话来确认和关心他们是否适应学校生活，在学校生活中是否遭遇到什么困难，以

及指导孩子养成诸如讲个人卫生、上学前将该带的东西准备妥当这类的基本生活态度,这才是在这个时期对孩子来说最重要的事情。

方案

★和孩子一起试试看吧!

Q:和孩子一起制定使用电子产品的规则。

使用哪一样电子产品? 什么时候使用?(做完什么事后) 可以使用多久?	

用家务帮助孩子理解优先顺序

时间管理最基本的目标就是理解事情优先顺序的概念。那么,要用什么样的方式让孩子了解优先顺序的概念才比较好呢?

在做空间整理的时候,有一个方法叫"推开法则",就是在有限的空间里,比较重要的东西会将不那么重要的东西"推开"。例如,带回来一件刚买的新衣服要放进衣橱中,但是衣橱空间有限,所以要将不常穿的旧衣服淘汰掉。使用这个方法,就不会使家中物品如雨后春笋般大量涌现,在控制东西总量上相当有帮助。时间也是一样的,我们一天只有二十四个小时，必须要活用这有限的时间。很多时候 A 和 B 两件事情不可能同时进行，如果要做 A 事，就得拖延做 B 事，或是根本没时间做 B 事。所以要优先处理比较重要的事情，推开相对之下比较不重要的事情，把大大小小的事情排出优先顺序。

　　孩子到了小学低年级的时候，像是学校作业、试卷、补习班作业，这些必须要做的事情变得更加明确。难道没有一个好的方法，可以事先让孩子了解事情的优先顺序，并且培养孩子的责任感吗？就像前面提到的关于习惯养成的内容一样，除了要好好遵守吃饭时间、洗澡时间、睡觉时间等基本生活习惯以外，就让孩子帮忙做家务吧！因为所谓的家务是需要付出行动的，开始与结束的时间也相当明确，这可以帮助孩子理解并且形成"必须及时完成该做的事情"的明确概念。另外，在空间整理的部分也强调过许多次，请孩子帮忙做家务，对孩子来说是件模仿大人做事的有趣事情，他们也会觉得自己是家中重要的成员之一；当孩子做完大人交付给他们的事情后，孩子也可以从中获得成就感。让孩子帮忙做家务，是相当具有教育效果的。

　　小孩子其实相当喜欢亲自尝试各种事情，比如用喷雾器在桌子上喷水并擦干，或是用拖把拖地。因此，可以让孩子帮忙在准备吃饭前一起擦桌子或是给花盆里的花浇水，先从这些简单的事情开始，让孩子参与家务。等孩子年纪再大一点，就可以请他们一起分担他们能力所及的家务。这是需要一些小技巧的。"你去把你房间门口扫一扫！""现在开始你要负责摆碗筷！"像这样严格的下命令是不行的，而是要用开明的语气："你现在也长大了，要不要试着自己打扫你的房间看看呢？"用这样的方式来跟孩子说话，同时也要用亲切和蔼的态度教孩子打扫的方法（包括使用清洁用具的方法）、折衣服的方法，以及如何使用洗碗机、碗筷要如何摆进洗碗机等方法。

教孩子的时候经由四个阶段会比较好：第一阶段由父母先给孩子示范该怎么做；第二阶段是父母和孩子一起做；第三阶段是放手让孩子做，但父母在旁边看他做；第四阶段是完全放手让孩子自己做。按照这四个阶段的流程，可以让孩子对做家务渐渐上手与熟悉，以这样的方式，在孩子能力所及的范围里每次制造出一两件孩子必须要做的事情，把"做完这件事情你就可以看电视"这样的观念告诉孩子，如此一来，就可以让孩子自然而然了解事情的优先顺序，同时也可以理解"约定"的概念。

方案

★和孩子一起试试看吧！

Q：可以和孩子开心地一起尝试做做看的家事有哪些呢？

清空无效的时间

当孩子成为初中生之后，为了及时完成课业需要有效的时间管理法。功课好的孩子和功课不好的孩子同样每天都只有二十四个小时，但根据他们将时间做有计划性利用的方式不同，也会产生不同的结果。就让我们来看看哪一种时间管理策略是有效果的吧！

曾听过我整理咨询课程的客户S，拜托我给他目前就读初中的孩子做一下咨询。这孩子曾经休学一年，后来通过认识的朋友送去美国留学。但孩子回到韩国后，却变得懒得学习，客户对此感到相当伤心。

孩子跟我第一次见面时是相当尴尬的，但是我跟孩子介绍我的职业是整理咨询顾问，当其他人生活的地方产生压力或是浪费时，我的工作就是帮忙减少这样的事发生，在这之后，孩子看起来似乎对我开创了一个新的职业颇感兴趣。我询问孩子放学后是怎么度过的，此时真的能够体会到，如今的青少年真是最忙碌的群体了。周末时，他从下午一点到晚上八点要待在大型补习班，几乎在补习班待上一整天；平日的话，则要去专门的补习班补英文和阅读理解。再加上写作业和中途休息时间，合起来的话，每天都要超过晚上十二点才能上床睡觉。

和孩子聊了一阵子，孩子才渐渐打开心扉，开始透露自己的心声：虽然父母对于教育方面全面支援的话言犹在耳，自己也不想辜负父母的期望，但是跟自己付出的努力比起来，成绩却不如预想，自己也承受了很大的压力；又加上出国后回来，现在的同学全都是比自己小一岁的弟弟妹妹，这样的学校生活、那样的心情，却没有可以感同身受的朋友或是可以吐露心声的倾诉对象，内心感到相当寂寞孤单。他告诉我，虽然出国的最终决定是自己下的，但是出国是妈妈希望的，所以他才会做这样的决定。当他这么说的时候，脸上挂着的是埋怨的表情。

父母为了培养孩子，在付出上是一点也不吝啬，孩子也努力想不让父母失望，可是最后怎么会出现这么不尽如人意的结果呢？其实这是大部分家长和孩子之间所存在的真实情况，只是情况、程度差异不同罢了，也是不知道何时会爆发争执的原因。

客户 S 的孩子现在不只是失去了学习的动力而已，甚至连生活中的目标与动力都失去了。现代孩子们经历的最大问题，就在于他们生活在一个非常紧凑的行程之中。身为正向心理学的创始者，同时也是世界闻名的心理学家，马丁·塞利格曼通过实验证明了有限制的自由性会造成学习上无力感。不仅如此，孩子在消化紧凑密集的补习班行程时，还会造成执行功能能力（executive function capabilities）降低。所谓的"执行功能能力"是指当我们要做什么或是当我们想要实现什么的时候，为了达到这个目的，会去思考该采取什么行动、顺序该是如何，在大脑想好之后，照着自己的想法去执行的能力。执行功能能力包含了自我控制能力、抑制力、计划能力、注意力集中能力、可以转换的灵活性、修正错误的能力、察觉错误的能力、对干涉的抵抗能力等许多认知型能力。研究结果指出，儿童的执行功能能力中有缺陷的话，就会引发严重的行为障碍，同时也会伴随着学龄期学习障碍的高发性。因此，过于系统化与紧凑密集的行程，对孩子而言是相当危险的。

安排补习班课程也需要适当

到了小学高年级的时候，课业的重要性就一点一滴增加了，现实生活中也不得不让孩子在课业上做很多的加强，因此对补习班的期待与依赖度也日益增加。实际上，2016年首尔研究院发表了"首尔中小学生参与补习的现状调查"，结果显示：补习时间以初中生每周7.5小时为最长，接下来为小学生每周7小时，高中生每周6.3小时；平均每人每月的补习费用，小学生为29.6万韩元，初中生为35.5万韩元，高中生为38.3万韩元，但是每六名学生中就有一位孩子的补习费每个月会超过50万韩元。

但是补习，先不考虑短期效果如何，就长期来看，没考虑孩子的学习程度与兴趣，不管三七二十一就送去补习，反而会造成孩子成绩和学习热忱下降。对孩子来说，这个时期不是只有学习而已，其他方面的成长也是相当重要的。身为父母，请试着回想，有时候补习对孩子来说是不是一种时间浪费？补习科目的时长和成绩的改善其实并不成正比，很多时候只是让孩子跟别人做一样的事情。这并不是让孩子的时

间更有价值、更有效果地被利用,也没办法给予孩子自由发挥的空间来展开梦想。经济合作与发展组织(OECD)有关各国儿童睡眠时间与幸福指数的调查结果显示,韩国孩子的睡眠时间与幸福指数每年在OECD成员国之中都是位居末位,这的确是令人相当惋惜的结果。

《是谁在首尔大学里拿A+?》作者李慧政介绍了在麻省理工学院媒体实验室进行的一个实验。实验人员在一个大学生身上装上了检测仪器,观察在一周的时间内他的交感神经系统的电波是如何变化的。交感神经系统若是启动活性化的话,大脑就会积极地运转;反之,交感神经作用活性下降的话,大脑就会无法集中专注。但在这实验中值得注意的一个事实是,当学生上课听讲时,并不会刺激交感神经系统产生活性化,看电视也是一样的情况。由此可知,如果只是去补习班上课或听老师讲解,而没有花时间自己去做复习与自学,对学习成绩并不会有太大帮助。《完美的读书法则》作者高永成、申勇浚所做问卷调查得到的分析结果,更是证实了这个说法。问卷调查显示,成绩处在前0.1%的成绩优异的学生去补习并不是因为"习惯性",他们只有在自己觉得某些部分需要加强时才会去补习;补习以外的时间,全都作为个人学习时间(复习、自学)来使用,因为只是听课对于学习并没有太大的帮助。这就是为什么优秀的学生不管怎样都要保有个人学习时间。这些优秀的学生不管当天有什么事情,都会保留三个小时左右的个人时间。

很多孩子虽然在补习班上课上到很晚，看起来好像学习非常认真用功，实际上却是一点东西也没有学到的状态。而且对于学习的调整能力，是和自己的情绪调整能力及行为控制能力相关联的。一整天都在众多补习班之间跑来跑去的孩子，回到家中只想玩和休息，这不是再自然不过的事情吗？这就是家长花了很多钱报补习班，孩子的成绩却不见提高的原因啊！

聪明地进行补习

请大家现在重新审视一下，孩子目前一共报了多少个补习班以及总共会花费多少时间，思考这对于孩子当前是不是必要的，对于提升学习效果有没有帮助。其实这就跟整理一样，先确定方向会比较好。以下是在"不担心课外补习的世界"中提到的课外补习方法。这是一个全国公众运动团体，通过讨论会和专家座谈会，以各式各样活动来宣传补习的真相。我大致整理出下列五点。

第一，学校上课时间，占了孩子生活中最大部分时间。务必要让孩子了解，对于学校的教育必须要一步一个脚印、脚踏实地地实行，这才是学习最重要的基础。很多父母可能会陷入补习的迷思，认为不用集中注意力在学校课程也没关系。事实上，父母应该要有"补习是为了加强和补充学校教育，并不可以取代学校教育"的认识，希望各位家长千万不要本末倒置。

第二，为了提升期中考试、期末考试的成绩而想要送孩子参加全科补习，这件事必须要慎重。如果全部的科目都要补习，那么孩子自己复习的时间一定不够。一旦孩子陷入补习班的应付考试系统里，最终孩子会丧失自主学习的能力。不仅如此，参与进度大幅超前的预习和给过多作业的补习班也是相当浪费时间的，反而有造成孩子学习热忱下降的可能。补习的目的，应以补充或加强学习为主，针对孩子较弱的一两个科目进行，并且与孩子约定补习的周期。如果孩子知道补习是短期性的，他们也会在有限的时间之内，尽他们最大努力集中精神听课。

第三，孩子自发去上补习班肯定效果最佳，但如果由父母来决定要补哪些科目，最好是只要孩子说不想去补就别逼他们去补习，因为强迫孩子补习，对改善学习是一点效果也没有的。但是，如果是孩子自己说想要去补习，父母也不要全部无条件接受，应该先问清楚孩子为什么想要补习，这才是最重要的。如果是因为觉得自己一个人学习很难、很辛苦，也可以请家教或是买网络在线课程，这也是不错的方法。

第四，请家教的时候，有些原则是需要特别注意的：应该要以学校的进度为主，并且以补充或是加强不足部分的方式来进行，而不是超过学校进度以预习为主；不应该参照补习班中的老师讲课、学生听课的方式，应该由学生将自己自习时不懂、不会的部分，在上家教课时提出来，再由老师解答学生的问题。

第五，让孩子不依赖补习班，并且在自由时间可以自己好好学习的最好方法就是培养阅读习惯。在小学低年级时，可以放学后多多利用学校图书馆或是儿童图书馆所提供的诸多活动来培养阅读能力；到高年级后，父母可以和孩子一起阅读，然后一起讨论，书写阅读的感想心得，如果父母能在孩子写完读书心得之后给予真诚的回应，那将会是和孩子非常好的交流。如此一来，既可以跟孩子做更多的沟通，也可让孩子感受到学习的乐趣。

希望家长在参考上述的方法后，可以长期性地对孩子的成绩提升或是升学有所帮助，聪明地利用课外补习。

小贴士

时间大盗——快把智能手机"抓起来"

造成孩子浪费时间的最主要的原因是什么呢？现代社会中，人手一部的智能手机就是造成孩子白白浪费时间的主要因素，是名副其实的"时间大盗"。根据韩国女性家族部在2017年3—4月以全国一百四十一万名青少年为对象所做的"互联网及智能手机使用习惯诊断调查"的结果显示，在使用互联网或智能手机上，被归类到"危险使用者群体"的人数竟然占青少年总数的14.3%（约二十万人）。这样的结果，代表当今每七名青少年中就有一个人过于沉迷使用互联网或智能手机。特别是最近三年，沉迷人群"年轻化"的现象日趋严重。

　　觉得"在学习间隙玩一小段时间也没有关系"的人，要切记的一个事实：加州大学所进行的研究指出，若是要用外部妨碍打断一个人的注意力，只要不到三十秒就可以造成影响；但是，要重新集中注意力回到学习或是做事上，却平均要花上二十分钟左右的时间才行。因此，智能手机放得越近，人的注意力就越容易被打断。"整理之力"社区的成员"微笑葛瑞丝"某天看到全家人竟然同时都在使用智能手机，受到相当大的冲击，所以在家里制定了使用智能手机的规则。她在玄关的鞋柜上方放了个篮子，从外面回到家里，就要把手机放到那个篮子里。如果一定要使用手机的话，就要到玄关那边才可以短暂使用，用完之后也要放回篮子里才行。手机在家的专属位置，就是玄关鞋柜上的篮子。

　　父母可以给孩子购买专门给儿童使用的手机（智能手机上市前最普遍的手机），以便在需要联络时可以联络得到。如果不行的话，可以使用特殊的应用程序，只可以用来通话和发短信，或是利用"Mobile Fences"来限制孩子使用手机的时间。家长还可以试试以下方法，让孩子降低对手机的依赖程度。

学习时减少使用智能手机的方法
- 手机不放在学习的房间里或是书桌上（交给妈妈保管）。
- 设置可以监测使用时间的应用程序，并且确认使用时间。
- 换成儿童专用的手机。
- 学习时，手机切换成飞行模式。
- 安装限制使用时间的应用程序。

方案

★和孩子一起试试看吧!
Q：和孩子一起制定使用智能手机的规则！

填满自己学习的时间

如果突然不补习而改为要孩子自习的话，不管是对孩子还是对父母，多少都会感到焦虑不安，所以必须渐渐培养孩子自习的能力。首先，设定自己要完成的最短学习时间，确定要复习的在学校或是补习班学到的内容，或者可以试试看，一边准备期中或期末考试，一边参考下方整理的学习方法。如果在自主学习中掌握一些学习的要领，产生自信心后，就可以将不必要的补习或补习时间做一些调整和整理了。

<u>测试已经学过的部分</u>：有的孩子会逃避考试，主要是因为对于考试结果有沉重负担。其实所谓的"考试"，不仅仅是看测验的结果，我们更应该意识到考试本身也是一种学习，即所谓的"考试效果"。通过考试，我们可以了解自己学习中

较弱的部分，针对较弱的部分采取有效策略应对，可以刺激提升元认知能力（metacognition）。因此，多做测验、多解题目对于学习是相当重要的。

<u>用心整理做错的题目</u>：曾经做错的题目，再错的可能性很大。针对学习中遗漏的部分，或是产生错误观念的部分，重复钻研是刺激大脑活性化最好的方法。做错的题目一定要整理成一个"错题本"：要了解为什么这题会写错，弄清楚到底是哪个部分概念不清楚，为了避免下次遇到类似题型再做错，必须多加练习才行。

<u>整理摘要并背诵</u>：所谓的"学习"，其实就是把知识在自己的脑海中整理好的过程。若要做好学习，在将知识点记住后，更重要的是将内容输出。这并不是反复看几次就结束或是随便听听课就好，而是一定要通过考试、背诵、写摘要、讨论、发表意见、反复书写等方式将自己所学的知识"输出"，才算是真正的"学习"。

研究指出，通过各种"输出"的方法来学习，学习的长期效果就会变得越来越好。而"输出"最好的方法，就是想象自己要教别人了解自己所教的东西，以这样的方法来表达自己学到的内容。这样一来，我们自然就能把学到的知识做重点摘要，并且背下来。其他的研究结果表明，如果以教别人为目的来读书，学习效果会事半功倍。

<u>不要临时抱佛脚</u>：这里要强调的是分散式学习的效果。考试前临时抱佛脚，就只能以阅读方式为主进行学习，而且

要学的部分也只是看一遍而已。如果采用分散式学习，尽管学完一遍后再把已经学习的内容看一遍时，可能会发现有些部分还是记不住，可是只要增加学习的次数，不断刺激我们的大脑，将知识转换成长期记忆的可能性就会提高。所以我们至少要安排两次以上的间隔时间来复习，利用各种输出策略来使学习的知识转换成长期记忆。

每天安排两个以上的科目交换学习：比起按照固定顺序学习，或是一天里只学一个科目的方式，交换学习更有助于实现长期记忆（例如，将第一单元和第三单元组合起来学，或者将不同科目交叉着学习）。有研究表明，人的大脑是学越难的东西就越不容易忘掉。比起按照课本单元顺序来学习，学习时打乱单元顺序对于大脑而言是件更复杂和困难的事情，所以大脑就会更加有效率地去记住这些内容。

设定期限：读书时，最好有设定"期限"的习惯。许多研究结果指出，做事情设定期限会比没设定期限效率更高。为自己设定一个期限并且给予自己补偿奖励，用这种方式来学习，更能够感受到学习的快乐。

善用零碎时间："在零散的时间里，处理细碎的事情，这才是明智之举。"在去学校或是补习班的路上，就可以抓紧时间背英文单词，或者看看书，这些都是很不错的时间利用手段。当你善用零碎的时间，把这些时间累积起来，时长也是不容小觑的呢！你的时间可能成为粪土，也可能成为黄金，就看你怎么使用它了。

小贴士

提升自主性的笔记整理法

听成绩好的人分享他们的学习技巧，我们可以发现，"以教科书为主""上课认真听讲""彻底做好复习"是他们共同的说法，而与这三项直接相关的就是笔记整理了。笔记整理主要集中在课堂内外，这对复习相当有帮助，也就是说，对于提升学习自主性相当有成效。让我们试试下列几个笔记整理法吧！

<u>康奈尔笔记法</u>：康奈尔笔记法是在1950年由美国康奈尔大学沃尔特·鲍克教授研发出来的一套笔记整理方法。它对于听课、帮助记忆和复习有着显著效果，是一套世界有名的系统性笔记方式。此笔记方式是由三个区块组成。

如右图，在1号笔记栏里抄写课堂讲授的内容，或是把老师在上课时所讲的内容、自己听到的重点抄写在此栏位。2号笔记栏是重点式区块，在听课时先保留此一区块，等到上完课之后，再将1号笔记栏中的一些重要内容、关键字、主题等，整理到这一个区块，复习时就可以以这个栏位为主，来做重新阅读与记忆背诵。要确

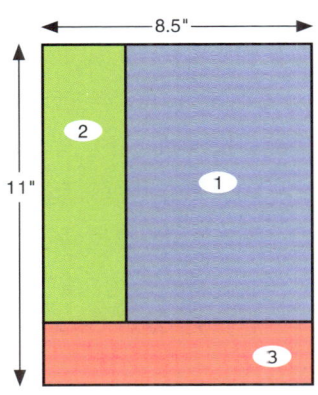

认背诵的内容时，可以试着把1号笔记栏的笔记内容遮住，就像要教别人一样试着讲出来。3号笔记栏是摘要区块，把整堂课内容用几句话简单概括在此区域。这种以此堂课的重点内容为核心来做连结的摘要，在之后的复习中就可以比较容易把握课程的整体方向，在反复咀嚼课程内容后，能有效记牢容易忘记的部分。

思维导图：思维导图是由英国的东尼·博赞苦心研究出来的笔记整理方法。思维导图以一个核心词汇为中心，像蜘蛛网一样把思考往外延伸，你在确认扩展的过程中，也可以进行反思，整理自己知道的信息。它是一种视觉化的笔记整理法。

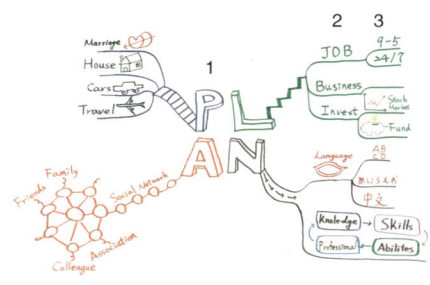

如左图，首先把纸横向摊开，在纸的正中央1号区域的位置写出核心关键字或是画一个中心图型，2号区域为主支线，写下与中心关键字有强烈相关性的词汇或是句子，在画不同主支线时，重点在于使用不同的颜色或是图形以示区别。在主支线之后画上分支线（3号区域），写上与主支线相关联的内容，写的内容也最好依照顺序。例如，按照顺时针方向，将分支线呈树枝状延伸，将细节部分依次画出。因为思维导图利用视觉，一眼就能清楚掌握资讯的整体方向，一目了然，所以在整理笔记的最后阶段使用会最有效果。

读后感：阅读的重点不在于"这本书我看过一遍了"，而是阅读之后在我脑海中留下了什么。阅读之后写读后感，是要深入理解书的主题与作者想要传递的主要内容之后，经过自己融会贯通，才能把信息长时间地留在脑海里。通过这样的记录习惯，将来也可以制作自己的作品集，在提升自己写作能力的同时，对未来的升学求职也会有所帮助。

读后感主要包括以下内容：（1）写下书名、作者、出版社等基本信息；（2）看完之后，自由书写对于此书的整体感想；（3）摘抄主句，可以更轻易掌握主题；（4）写下想将这本书推荐给哪些人，在你写下想要推荐的对象及理由时，也可以反复品味书的内涵，同时将书的内容内化成自己的思想。

错题本：考试后或是写完练习题后，必须立刻检查并制作错题本。1.将答错的题目抄下来。2.将正确答案一起写下来，不过错题本的重点不是记录正确答案，而是分析错误答案。3.必须将答错的理由清楚地整理出来，如果是不小心的失误，要弄清楚为什么会不小心答错；如果是不懂的话，找出不懂的内容是哪个部分，必须把答错的理由挖掘出来才行。4.把原本不知道的重要概念或是理论重新整理抄写下来也是相当重要的，之后再把正确解法重新检查一遍。虽然有点啰嗦，但还是要再强调一次，错题本的关键是把自己不了解的知识点或是犯错的原因找出来。

学习时利用计时器

在《读书之神》节目中出现的学生访谈里，就有关于使用计时器的内容介绍。

高一生L在初中的时候曾是全校成绩排前十名的模范学生，但是进了高中之后，在第一次期中考试时竟然掉到全校一百名之后，这样的成绩使她颇受打击。看到电视节目中介绍使用计时器可以帮助学习之后,她就买了两个计时器开始实践:一个测整体学习时间,另一个逐一检测各科目耗费的时间。她也会设定目标时间,用来测验在规定时间内是否完成学习目标。坚持了一段时间后,在初中二年级上学期的第一次月考中,她考到了全校第三名。

初中生L也是靠着使用计时器获得很大的帮助。他在写数学题时会使用计时器计时,练习在规定时间内把题目都解开——像是在二十五分钟之内要解五题,或是四十分钟之内要解十题。使用计时器,帮助他在学习过程中提升专注力,也因为平时练习限时解题,他在考试时从来没有时间不足的烦恼。

在学习时使用计时器,为何这么有效果呢?当我们决定要做什么事或是决定不做什么事时,是受到"想法"与"意志"的影响,此时需要"外部刺激"把想法转换成行动,而计时器就担任这种角色。就像早上的闹铃声是催促我们起床的信号一样,在学习计时器铃声未响起之前,学习不能中断,必须持续进行。每天规定三个小时学习时间的学生,与没有做这样设定的学生相比,两者的学习时间和效果一定会有差异。如果只是单纯使用计时器记录自己一天的学习时间,你会惊觉,真正花在学习上的时间其实并没有你想象得那么多。

使用计时器增强学习效果的另一个原因就是它可以提升专注力。即使是一开始不怎么喜欢的事情,一旦有了燃眉之急,个人也会把专注力发挥到极致。这就是所谓的"截止时间"的效果。"截止时间"会给予大脑适当的紧张感,刺激大脑提升专注力，这就是它效果的原因。虽然使用计时器并不是真的到了要结束的时间，但是因为设定了开始与结束的时间，自然就会使大脑产生"截止时间"的效果，使专注力瞬间提升。

善用"番茄工作法"

注意力不集中的学习，即使花了足够的时间，也没办法将学到的东西转换成长期记忆。平时没有读书习惯的孩子，不仅需要花很长的时间才能集中注意力，他们也相当容易沉迷于智能手机、电脑、电视、漫画书等。对于这样的孩子，提升他们的专注力还是有方法的，那这就是使用"番茄工作法"。

番茄工作法（Pomodoro Technique）是意大利大学生弗朗西斯科·西里洛利用番茄模样的厨房专用时钟开发出来的有效的时间管理方法。它的原理相当简单：使用专用的时钟，集中注意力在做某事上二十五分钟后，休息五分钟。这本来是成人用来提高工作效率而提出来的时间管理方法，但是用在孩子学习时的时间管理上也相当有效。

首先列出当天要学习的范围，并且排出顺序，并且根据各科目需要学习的量来决定要设定几个周期。正式开始后，按照顺序开始学习，设定限时二十五分钟，集中精神专注读书，之后休息五分钟，再集中精神学二十五分钟，再休息五分钟……这样反复几次，一天的学习计划完成之后，再根据计划对照之前设定的时间做一次检查。

我常看到"整理之力"社区的成员或是听讲座的学生，分享将"番茄工作法"运用到子女教育上的亲身经验。昵称为"梧桐树"的成员曾分享说："我女儿总是自以为坐在书桌前就叫努力学习。为了改变在书桌前虚度光阴的女儿，我才开始使用番茄工作法。没想到使用之后，竟然大大减少我和女儿在学习方面形成的不愉快！"参加整理教育讲座的尹金淑也说："通过使用计时器来跟孩子约定使用手机和玩游戏的时间，比起我在旁边唠叨，效果好太多了。"

孩子的时间整理法第三阶段：打造生活指南

生活中必须要珍视的重要价值

价值支配着我们的行动，也是决定我们梦想与希望的重要基础，其中，更为重要的是我们称之为"支配价值"的东西，因为支配价值可以决定我们对生活的满足度与幸福感。家长在教育过程中，既要告诉孩子什么是"价值"，也要告诉孩子世界上有哪些重要的"价值"，而这些价值将会成为指引他们善用自己时间的最好方针。

《美好的价值字典》中介绍了与个人的人格素养"共生"的四十八种必要的价值。书稿内容由介绍某种具体价值的含义、如何通过活动与游戏来培养某种具体价值等部分组成，以下就介绍几个价值供大家参考。

- 何谓"责任"？责任就是睡前把书包里第二天上学要用的东西自己整理好；就是当妈妈叫你去跑腿买东西时，把妈妈交代要买的牛奶、面粉、豆芽菜通通买回来，一个都不能少；就是当你告诉妈妈下午五点以前你会回来时，遵守约定按时回家。这就是所谓的责任。
- 何谓"成就"？成就就是你到图书馆看书或者和朋友们在公园里开心地玩耍，觉得今天度过了非常充实美好的一天的那种心情；就是把脏兮兮的拖鞋刷得干干净净后，那种爽快舒畅的心情。这就是所谓的成就。
- 何谓"快乐"？你在踢足球时踢得非常快乐，这样即使跑得气喘吁吁、耗尽全身力气，你也想要继续在球场上奔驰。快乐就是当你做自己喜欢做的事情时，也能够有类似的想法。在快乐的人内心里，总保有一个"我"。

这些价值，即使只是在日常生活中跟孩子对话时提到，都会具有很好的效果。例如，孩子在睡觉前把第二天要带的东西都准备好，就可以对孩子说："你真有责任感，自己把东西都准备好啦，真的太棒了！"跟孩子对话时，把相应的词汇带入对话之中，就可以使孩子在日常生活中自然而然了解某种价值的概念，进而内化为孩子价值观的一部分，日后孩子就会为了自己所认定的重要价值付出时间或是行动。

> 方案
>
> ★和孩子一起试试看吧！
>
> Q：说说今天发生了什么事情，看看在这些事情中，发挥了哪些价值，或者哪些价值还有需要改进的地方呢？
>
> Q：试着写写看，把下列各种价值编写成可以应用到日常生活与孩子的对话之中的例子：关怀、爱护、诚实、承诺、责任、亲切、勤劳、礼让、自由、自律、诚意、快乐、合作等。

梦想是强有力的助推器

如果我们对某件事处于投入状态，主要是因为本身就喜欢做那件事情，所以才能专注其中。当你了解了这个道理时，就代表你找到了一条关于"自我"的重要线索，也就代表你更加理解自己了。因为这样的"线索"是在告诉我们，在众多事情之中，什么事情对我们来说才是真正有意义的，或者我们真正的专长或兴趣在哪里。

这之所以对孩子很重要，是因为通过学习可以达成目标、实现梦想，跟其他种种理由比起来，发自内心地努力用功读书能起到最强有力的助推效果。《心的运作法》的作者、同时也是罗切斯特大学社会心理学教授的艾德华·德西认为，比起外来的指令告诉我们"必须这样做"，当我们的内在给予自己动机时，就会产生创意性与责任感，同时将想法转换成行动并且持续下去。"如果你想造一艘船，不要鼓励人们去伐木、去分配工作、去发号施令，而是应该和人们讲述大海的宽广无边和高深莫测，让他们对大海充满憧憬。"

那么，怎样才能创造专注的机会呢？首先，大人们不要随意介入插手，要让孩子从小本会随心所欲地玩耍。开始上学后，要让孩子做他感兴趣的事情。但是事实上，大部分学生每天的生活被各种学校课业、课外补习或是运动课程排得满满的，这些活动大都跟孩子喜好无关，只是依照父母意愿去安排。孩子没办法对这些活动产生兴趣，就很难让他们专注其中。但是如今的父母会有类似"至少得学一种乐器"这样的坚持，或是要孩子参与父母觉得重要的活动，甚至连孩子大学的专业都帮他们决定好了。在这样的情况之下，孩子不会拥有自己的梦想，即便按照父母的规划进了大学，读了父母期望的专业，对于读书也不会产生兴趣，只会在升学的道路上，面对着永无止境的彷徨与无助罢了。

接下来要介绍的是在干涉与放任之间如何取得均衡，给孩子制造更多机会的方法与原则。

第一，要认识到孩子并不是父母的所有物，他们是独立的，和父母是不同的个体。如此一来，就能够以宽容的态度去面对孩子的所有行为，因为你已经抛去了"小孩就应该这

样"的观念与框架。这样的父母全然接受自己孩子原有的个性，能在一旁看着孩子照着自己天生的气质去成长。

第二，父母比孩子年纪大，自然经验也丰富，这是毋庸置疑的。但是要知道，我们所拥有的经验并非永远都是对的。父母越是强烈确信自己所拥有的信念是正确的，就越有可能去强调或是说服孩子（甚至对其他人也是如此）。可是，在这个瞬息万变的时代，有些东西今天还被大家奉为圭臬，到了明天可能就被证实是错误的。孩子面对的未来世界，想必也会如此变化无常。所以父母要认识到，我们的过往价值观念与生活方式，不见得适用于孩子所要面对的未来世界。

第三，必须观察孩子具有什么样的才能，对什么事情感兴趣，因为孩子的兴趣与才能，都是孩子追逐梦想与前途的重要拼图。父母平时一定要多和孩子聊天对话，让他们从对话之中发掘自己的梦想。最好的方法就是吃饭前或是放学路上进行对话，可以先以当天发生了什么事情作为对话的开端，在孩子分享让他们觉得开心的事情时，就可以观察到孩子最近对什么事物有兴趣。

第四，要记得孩子也还在摸索自己的人生道路，如果发现孩子在哪方面有才能的话，积极地支持他们继续发展；如果孩子对某些事不再感兴趣了，也要尊重孩子的决定。要知道，当上天为你关了一道门，一定会帮你打开另一扇窗。有时候我们会不自觉地想要掌控孩子，或是要他们听我们的话，又会因为自己让孩子不开心而感到自责，但是不要忘记，改变永远来得及，努力与孩子变得更亲近，开始互相沟通，总会有一天能解决彼此的矛盾。

第五，父母必须以身作则。父母身为社会人士，是孩子的精神导师，可以和孩子分享自己目前从事的工作的价值；如果对自己的现状感到不满，也可以跟孩子分享自己以后想要做什么，或是对未来有什么计划。当然，要把夫妻关系放在优先顺位，这样才能在夫妻关系中获得满足。这是因为有的人在夫妻关系中如果无法获得满足与幸福，就会想从孩子身上获得"补偿"；又或者有些人因为不美满的婚姻关系，就处处看孩子不顺眼。所以要特别小心，不要让自己也陷入这样的情况之中。

我们每个人天生都是优秀的演奏家。孩子在自己的人生道路上，能以自己的方式演奏出最优美的旋律，他们本能地知道该怎样谱出最美妙的乐章！可是如果因为父母的欲望或担心，便代替了孩子演奏的话，渐渐地孩子不再愿意弹奏了，也就无法再发挥出自己的能力，最后只会对人生道路感到彷徨无助。因此，以上几点原则请牢记在心，让孩子在人生道路上真正掌握自己的人生。

设定"SMART目标"法则

在读书过程中，目标起着决定性的作用，告诉我们必须要做些什么。我们也因为渴求实现这个目标，在精疲力尽时可以产生力量继续努力，也可以为了这个目标忍耐一些痛苦的事。相反，如果没有目标的话，很容易虚度光阴，也很难让人期待有潜能。所以，拥有目标的人和没有目标的人无可避免地在成就上也会不同。虽然大家都知道目标的重要性，但却没办法好好利用目标的优点。甚至有专业的课程来指导人们如何设定目标，可见目标有多么重要，因为如何设定目标，可是会影响到你未来的成就。为了让梦想能够变成现实，让我们来看看"SMART目标"法则吧。

所谓的"SMART目标"，就是具体的（specific）、可测量的（measurable）、以行动为导向的（action-oriented）、实际的（realistic）、有时限性的（time-limited）目标，"SMART目标"法则不管是在设立长远目标或是短期目标上都是相当有效的。例如，为了提升期末考试成绩而设定目标的话，目标不该是"提升期末考试成绩"，而应该是"期末考试的分数提高五分"。如果计划一整天的学习目标，就不该是"数学学到

第五单元",而是诸如"把数学第五单元的练习题写完""练习达到八十分以上""整理错题本,重新做一次"等具体而清楚的计划。

设定目标之后,可以利用计时器来计时,不但可以提升专注力,还可以有效管理时间运用。

小贴士

建立系统

每天固定要做的事情不是设定目标,而是"建立系统"。所谓的"建立系统",是由美国著名习惯研究专家詹姆斯·克利尔所提出。根据自己设定的具体目标,制订实践策略。例如,看书或是背英文单词,设定"每天背十五个英文单词"或是"每天看三十页"这样的目标,然后每天强迫自己一定要达到自己所设定的目标。因为是每天都要做的事情,所以不能太繁琐复杂,一周检验一次成果,再根据情况调整设定的目标。但要注意的是,系统化的事情变成每天的例行公事,很容易变得无聊、令人厌烦,所以可以搭配计时器一起使用,或是建立奖惩机制,这些都会对完成系统化的事情很有帮助。

让孩子生活幸福的关系整理法

孩子们也需要整理好人际关系

许多人对整理人际关系会感到抗拒，觉得光是跟身边亲近的朋友维持良好的友谊就已经够费心了，渐渐地大家对于形式上的人际关系感到疲倦和空虚。但是现在也有很多人感受到了整理人际关系的必要性。根据韩国就业网站所做的调查结果显示，在两千五百名成人之中，有高达64%的人想要整理他们的人际关系；你也可以发现互联网上出现了很多诸如"人际关系断舍离""人际关系瘦身排毒""社交疲劳综合征"等新兴词汇。

在成人的世界里，因为各种的社交场合、工作交流，人际关系自然而然向外扩展。就拿整理空间来打比方，不断地买东西，却从不丢掉任何物品，日后造成空间不足，就得开始着手进行整理了。做整理首先得把物品分类，保留自己喜欢且有需要的东西，那些会引发压力或闲置在家积灰的物品，就果断地跟它道别吧。成人的人际关系整理就如同空间整理一样，但是孩子的情况就不一样了！孩子的人际关系才刚起步，就如同刚搬进新家，面对空无一物的房子，正要把家具等物品搬进去。因此，通过广泛的人际关系，让孩子获得各式各样交友经验是必要的。但是，这样做并不等于不用整理关系了，只是孩子所需要的人际关系整理方式与我们不同。

"整理"从字面来看，"整"是整齐、排列的意思；"理"意味着管理，可是因为韩文发音相近，有人可能会误以为是"离"（离开、丢弃），但是"理"还有道理、领悟等意思。对孩子而言，他们需要的人际关系整理就是通过广泛的人际交往，去了解所谓的"关系"，整理出我可以成为怎样的朋友，怎样的朋友才会跟我合得来，如果跟朋友之间发生争执该怎么解决，要怎么样做才能维系友情等思绪。

建立良好友谊的方法，就是要了解因为自己与对方是不同的个体，所以想法不同；因为想法不同，就会产生各式各样的分歧与争执。懂得如何解决彼此的不愉快，这就是孩子人际关系整理的核心。

幸福的孩子因人际关系而成功

父母总希望自己的孩子能够和品行好的朋友来往，如果孩子出现了什么坏习惯或是犯错了，就担心是不是交到品行不好的朋友，但是父母真正需要担心的是孩子变得不会交朋友。失去自主交友能力的孩子，在各种场合与他人建立关系变得困难，年纪越大，就越会对于自己的失败人生产生挫折感。就让我们来看看几个研究调查结果。

美国卡内基梅隆大学针对一万名觉得自己人生很失败的人做问卷调查，询问他们"觉得自己无法成功的理由是什么"。问卷调查结果显示，有高达85%的人认为自己人生失败的主因是"不圆满的人际关系"，剩下15%的人则认为自己失败的人生是由智慧、才能、技术等因素所造成。

还有更具体的调查资料验证这个观点。以普渡大学工科毕业生为研究对象，针对学业成绩、人际关系与年薪的相关性所进行的调查研究显示，"学业成绩优秀"的学生和"学业成绩差"的学生之间平均年薪不过差了两百美元而已；可是"与他人关系良好"的学生的平均年薪竟然比"学业成绩优秀"的学生高了15%，比起"学业成绩差"的学生更是高了33%。

还有其他支持这种相关性的研究。社会心理学家罗

伊·鲍梅斯特的研究小组以大学生为研究对象，先对他们实施假的性格测试，告诉其中一组学生"性格测试结果表明，你会受到他人的喜爱与欢迎"；而另一组学生则被告知"测试结果显示你被他人拒绝的可能性相当高"。在这之后，再对两组学生进行智商测试，实验结果显示，"预测"未来会陷入孤单的那组学生在智商测试中整体表现出低水平。在《社会头脑》这本书中也展示了类似的研究结果：以青少年为研究对象，觉得自己受到同龄人的排挤，或是对自己的人际关系感到担忧的孩子，通常在学校考试或是测评中都会成绩下降。

究竟人际关系、智商与成绩这三者之间有什么关联性呢？有神经科学家指出，我们觉得心情愉悦或是思维清晰，这些都与大脑分泌多巴胺有关：大脑分泌大量多巴胺的话，可以提升工作记忆；相反的，如果多巴胺分泌不足，也会使得工作记忆下降。有家研究公司通过大数据进行分析，结果发现在社交软件上发布的与"幸福"相关的九十五万个动态里，最多的就是对于人际关系感到幸福。所以说"人际关系如果表现得越好，成绩也会越好"，其实也不为过。

在内布拉斯加大学举办的一个座谈会中，有个学生向巴菲特提问："所谓的成功是什么呢？"巴菲特回答说："所谓的成功，就是受到身边人的喜爱。"他还补充说，福布斯企业排行榜里的众多 CEO 当中，没有任何人喜欢感到孤独的人。建立人际关系的方法、解决纠纷的方法、建立正确的关系价值观，这些都是我们生活在世界上的生存技巧，但是如果在小时候没有多方尝试与其他人建立良好的友谊，长大之后会觉得交朋友变得更加困难，也更害怕去交新朋友。如果父母希望孩子未来的人生是积极正面的话，从小就要给他们充分的机会与时间，让他们练习如何交朋友，与他人建立关系。如果孩子可以了解人与人之间关系的价值，也懂得如何去整理关系，那么将来通过与他人建立关系，便可以获得真正的成功与幸福。

孩子关系整理第一阶段：建立关系

每个父母都希望自己的孩子有领导力、有人气，具备跟任何人都可以友善相处的个性。但是所谓的建立关系，并不是盲目地扩张人脉，因为不是拥有越多朋友就会变得越幸福，我们不也是看着通讯录上满满的名字，反而感到空虚与孤独吗？如果我们可以像印度电影《三傻大闹宝莱坞》的男主角一样拥有一两个可以毫无顾忌倾吐心声的朋友的话，那么就可以说是真正的幸福了。而孩子懂得如何去交一两个新朋友的话，他就拥有让自己幸福的能力了。

我可以亲近的朋友

电影《壁花男孩》中，主人公查理是一个有着不为人知的心理阴影、无法适应学校生活的高中男生，没人和他交朋友，他也总是被其他人欺负，灰暗的高中生活度日如年。直到某一天，查理终于鼓起勇气，在课堂上主动走向那个每次不看场合讲些奇奇怪怪的话，也不在乎朋友眼光与嘲笑的帕特里克。

为了交朋友，查理鼓起勇气改变了很多事情。帕特里克和他的妹妹珊毫无偏见地接受查理成为他们的朋友，而他们的朋友也成了查理的朋友，查理和这群朋友分享自己的内心世界，努力从过去的阴影中走出来。渐渐地，他觉得自己突破了限制，生活也越变越好。真诚的友谊，可以让自己变得更好，使世界也变得更为宽广。

对孩子来说，只要用心观察，就可以像查理一样知道自己可以和哪些同龄人交朋友。虽然学者们的观点有所分歧，但是大致上都同意个人从三岁左右就会开始判断个体差异，在交友上也会开始有自己偏好的类型。仔细想想，我们学生时期最亲近的三五好友，不知道为什么就是有些地方相似，要么是个性差不多，要么有着相同的爱好，甚至在身高或外貌方面都有某种程度的一致性。

什么样的朋友会让孩子觉得相处起来很舒服自在，想要更亲近呢？父母可以和孩子一起聊聊他们的朋友，不仅可以让孩子思考自己喜欢的类型，也可以让父母通过孩子的朋友，对孩子有更深层的认识。

> **方 案**
>
> ★和孩子一起试试看吧！
>
> Q：现在和我关系最好的朋友与我有什么共同点呢？我为什么喜欢这个朋友呢？
>
> _____
>
> _____
>
> Q：相反的，设想一下关系最糟糕的朋友会是怎样的呢？试着描绘出这个人吧！
>
> _____
>
> _____

了解自己的优缺点

之前提到过的"元认知能力"是指了解自己知道了什么或不知道什么，也知道如果自己做了什么行动会导致怎样的结果的能力。元认知能力较强的孩子因为可以清楚地知道自己的不足之处，所以可以做有效补强，使自己成绩进步。此外，在发展人际关系时也需要元认知能力。

了解自己的优缺点，在与他人建立友谊以及化解纷争时，是相当重要的。要了解自己的优点，才能善用自己的优点，让自己可以比较容易地跟他人成为朋友，才能在友谊中带有自信感。每个人都有自己优点、长处，也因每个人都有所不同才显得更具魅力，在此基础上互相学习，也可以弥补彼此

不足的部分。

另一方面，了解自己的缺点会给关系带来信任。在与他人的关系中，最重要的就是理解与信任，如果很清楚自己哪里做得不好，就会努力改善。如果没办法改进，就要大方承认并向他人道歉，这样也能获得对方的理解。可是如果不知道自己缺点是什么，或是不愿面对自己的缺点，甚至假装没这回事，把自己包装得很完美的话，就会让对方觉得你不是一个可以信任的对象。只有当你诚实地向对方坦承自己的缺点或弱点的时候，才能让想法不同的对方对你产生同理心。给予彼此包容理解的空间，不也是一种体贴吗？

方案

★和孩子一起试试看吧！

Q：我的优点是什么呢？朋友们为什么喜欢我？

Q：我的缺点是什么呢？曾经因为我的缺点而让朋友生我的气吗？

内向也没关系

有一些父母会担心自己的孩子很内向，但其实不需要担心，美国前总统林肯、股神巴菲特、发明家爱迪生、微软公司创始人比尔·盖茨、篮球巨星迈克尔·乔丹，他们可都是内向的人。以韩国国内两百名 CEO 为对象所做的调查结果显示，35.8% 的 CEO 认为自己属于偏内向的性格。

个性内向的孩子也有他们自己独特的魅力所在，如果把内向的特质好好利用，也可以维持的良好友谊。个性内向的孩子有着自己的兴趣或是独特的内心世界，这样一定会让其他孩子对他产生好奇，进而想要去了解他。此外，交友广泛者最大的特点就是"倾听"，而个性内向的孩子非常善于倾听其他朋友说话，也会对朋友的话做出回应。也因为他们的个性比较谨慎小心，所以冒犯他人或是做出失误举动的可能性也会小一点。父母越是担心性格内向会对孩子有不好影响，越是会给他们压力，使他们对自己的个性产生负面的想法，这个才是最大的问题。

其实，交朋友的方法并不是那么高深、了不起的。根据韩国某教育企业以全韩国小学生为对象所做的问卷调查，在被问到"认识新朋友最好的方法是什么"时，排在前三的答案分别是"主动接近对方，跟他说话""倾听朋友说话""每天亲切地跟他打招呼"。就这么简单。尽量鼓励个性内向的孩子做自己，用自己觉得最舒服自在的方式去认识朋友、与他人相处，不但可以展现自己沉稳与深沉的魅力，也能和朋友维持长久的友谊。

所谓"建立关系"的方法，并不是只有在进入新环境交朋友时需要，在既有的关系出现问题时，这也是圆满解决朋友间的不愉快的方法之一。步入叛逆期的孩子，他们的世界不是成人可以轻易理解的，所以要介入或是帮他们解决问题并不容易。如果他们懂得在生活中认识各式各样的朋友，靠着这些朋友也许就能帮助他们走出青春期的各种困境。

在民间有着"时节因缘"的说法，即使现在时机对了，与某人在人生道路上相会，配合着彼此步伐相伴前行，但是随着人生的节奏与方向不同，也会自然地离开彼此的人生道路。当然，还会有新的朋友出现并相随，这就是所谓的缘分。人生就是由一次又一次的相遇与离别组成的。父母要让孩子明白，不管过去的关系有多么美好，能一辈子保持友谊是很不容易的事情，所以不要过度留恋过往情谊，要放眼未来，多认识新朋友会更好。

孩子关系整理第二阶段：维持关系

维持人与人之间的关系有着许多意义，其中包含了与新认识的朋友做更深入的交往，努力维持与喜欢的朋友之间的良好关系，与朋友产生摩擦时妥善解决矛盾。

创造一起玩的机会

认识新朋友最好的方法之一就是和朋友一起去出去玩,既可以制造共同回忆,又可以使彼此关系更加深厚。不仅如此,还可以消除日常生活中因摩擦而造成的不安感与压力。我们如果可以和其他人相处融洽,对于培养独立自主、探究精神或是创造力都有帮助。

特别是周末或是假期,父母应该让孩子多和朋友们一起玩耍。让孩子问问他的朋友可不可以一起玩,或是当朋友邀请孩子一起出去玩时,尽可能调整原有的计划,保留充裕的时间让孩子可以和朋友一起玩。如果可以,暑假的时候送孩子参加夏令营也是很不错的选择,因为不但可以认识新朋友,还可以从中体验并累积各式各样对日常生活有帮助的经验。

拉近朋友间关系的最好方法就是请朋友到家里玩。"家"是一个私密的概念,光是在家招待朋友这件事的意义,就可

以使彼此亲密感上升。"我去那个朋友家玩过。""我在那个朋友家留宿过。"当孩子说这些话时，代表着彼此之间的关系是很特别的。如果小时候有朋友来我们家玩，或是我们曾经去过朋友家玩，那些记忆都不容易忘记。

但是，有的父母对于孩子邀请朋友来家里玩感到有负担和压力，所以通常不让孩子邀请朋友来家里玩。不妨换个思路想想，难道有什么事比让闲着的孩子拥有跟朋友一起玩的机会更重要吗？与维持家的干净整洁相比，让孩子拥有与朋友一起玩耍的快乐回忆不是更重要吗？其实并不是什么重要的原因不能让孩子的朋友来家里玩，而是内心不够有余裕去包容一切。如果担心家里会变得乱七八糟，那么当孩子跟朋友尽情玩耍之后，告诉孩子们："来！玩得很开心吧，现在让我们一起收拾整理吧！"这样的话，孩子们也一定会负责地整理好。

制作人际关系图

和孩子一起试着画人际关系图吧！通过制作这张图，父母也可以了解孩子的人际交友关系，这是一个可以更深入了解自己孩子的机会。

首先准备白纸与便利贴，最好准备两种大小的便利贴，在纸中间写上自己的名字，在较小的便利贴上面写上分类，如家庭、学校、补习班等，再拿较大的便利贴，把想得到的朋友的名字通通写出来，即使是那些现在关系已经没那么好，可是曾经很要好的朋友也可以写出来。把名字写好以后，试着让孩子说说关于每个朋友的感觉、想法、优缺点、共同的回忆，等孩子分享完之后，用一个关键词或是外号标注，用不同颜色的笔写在较小的便利贴上。可以参考下方表格来标注外号或关键词。

对我来说他是怎样的朋友呢？	
让我心动	可以向他学习
无话不谈	经常帮助我
让我发笑	懂很多事情
相处起来很舒服	像家人一样
可以倾诉烦恼	健谈

最后再根据朋友与自己的亲密程度与重要程度，把写有他们名字的便利贴与写有自己名字的便利贴按距离连接起来，人际关系图就完成啦！

定期更新人际关系图，也可以让孩子重新思考彼此关系的属性与意义。所谓的关系，就是在生活之中与各式各样的人逐渐建立起许多联系。随着时间流逝，有的情谊会越来越深厚，也有的关系会变得云淡风轻。有可能和最好的朋友因某件事闹翻了，或是分班之后好朋友在别的班上交了新的朋友，彼此就渐渐没那么热络了。虽然当下多少会有些失落，可是自己身边还有许多朋友的话，情绪上就会比较有安全感，对于新的变化也比较能适应。

> 方案

★和孩子一起试试看吧!

Q：试着做你的专属人际关系图吧!

1. 请准备白纸以及两种大小的便利贴

2. 在白纸中央写下自己的名字

3. 将分类写在较小的便利贴上

　（例如：家庭、学校、补习班等）

4. 用较大的便利贴把想得到的朋友的名字通通写上

5. 请孩子说说关于每一位朋友的感觉、想法、优缺点，以及曾经一起拥有的回忆

6. 在写有朋友名字的便利贴上方写下有关这个朋友的关键字或是外号

Q：别的朋友会给我标注怎么样的形容词或是关键字呢？

关系的价值

要建立一段良好的关系，和自己喜欢的朋友维持情谊，这一切都是需要努力的。人际关系就跟种树一样，是需要栽培、灌溉。但是市面上教人如何扩展人脉、维持人际关系的相关书籍，里面提到的大部分交友技巧或待人处事的方法实在是太不自然了，很难让人在现实生活中施展。比起交友技巧或是方法，父母应该教导孩子的是存在于人际关系中的重要价值。当孩子懂得这些价值时，这些价值就会内化成孩子

交朋友时的行为方针,和人交朋友不虚假并且维持良好的关系。在前文时间管理部分中曾介绍的《美好的价值字典》里,也提到了人际关系中的重要价值:感恩、谦虚、平等、宽容、分享、信任、体谅、爱、约定、礼貌、幽默、善解人意、正直、尊重、亲切、倾听、同理心、领导力、礼让、友情、合作等。

例如,如果班上有个刚转学来的新同学,"善解人意"让你可以了解他刚到陌生环境的心情,所以会亲切地对待他。"倾听"能让你耐心地聆听朋友说话,然后看着他的双眼,表示认同地说:"原来是这样啊,难怪你会生气。""同理心"是能感同身受,会去思考如果同样的事情发生在自己身上自己会怎么做,这样就能站在对方的立场思考,设身处地体会对方的心情。

这些价值只有在被执行的时候,才有它存在的意义。本杰明·富兰克林就为自己立下了十三项富含人生哲学的价值,一辈子不断地努力实践这些价值,并且每天都会检讨自己的所作所为是否符合这些价值,每周还会特别注意锻炼某一项价值。父母可以和孩子一起效法本杰明·富兰克林,为人际关系设定几个相关的价值,试着做做看,在一周内努力实践其项价值。如果这周的主题是"善解人意",那么在这一周里,就试着设身处地去理解朋友的状况,并做出适当的行为。编写出一套个人专属的"价值字典"也是非常棒的做法。孩子在现实生活中与父母分享自己努力践行的价值,对于这些价值有着自己的定义与做法，这不就是活生生的"价值字典"吗？

> **方案**
>
> ★和孩子一起试试看吧！
>
> Q：跟人际关系有关的价值有哪些？试着分享各种例子。
>
> Q：最近和朋友的交往中实践了哪些价值？又有哪些价值显得不足呢？

和大人的关系基本就是和父母的关系

在"整理之力"社区里曾经举办过主题为"人际关系整理咨询"的特别活动，通过活动，一个职场妈妈向我求助。她的孩子升上小学高年级后，越来越不听话，现在她也不知道该拿孩子怎么办才好，曾经几次看到孩子在外面对大人没有礼貌的样子，也非常担心老师会不喜欢自己的孩子。

神奇的是，其实相当多的家长有着类似的烦恼。从这些家长的谈话分享中，我发现了一个共同点，那就是这些家长大部分都希望自己可以像朋友一样同孩子相处。果然不出所料，这位妈妈说自己比起同龄人算是比较早婚的，加上夫妻二人都是上班族,其实并没有太多时间陪在孩子身边,所以对孩子也没办法严厉责骂。亲子教育专家表示,父母不管是太过宽容放纵或是太严格,对孩子的成长都会引发问题,在过于宽容放纵的环境下长大的孩子,大多比较自私、不听话,也比较不合群,因为他们对父母的要求一点也不在乎。

法文中的"儿童国王"(enfant roi)就是指那些在家像个皇帝一样颐指气使、大家都要听他话的小孩。这些孩子不管什么时候,只要是自己想要的,都可以马上得到;即使做错事情,只要耍赖闹脾气,大人就会原谅他;自以为全世界的人都应该以他为中心。在法国,如果有人说"你家孩子真是个儿童国王啊",那可是相当大的侮辱!法国儿童发展心理学家迪迪埃·普勒指出,这些"小皇帝"如果一直以来在生活中从没体验过挫折,而且想要什么就有什么的话,他们就会把父母的权威抢走,便成"暴君"了。

家庭,是我们所有人出生之后最先接触的社会组织,孩子与父母的关系会成为将来孩子和其他人建立关系的基础,如果一开始和父母的关系就有问题,那么孩子在外面与其他人的关系也会受很大的影响。也因如此,父母不应该像孩子的朋友一样,而是要成为像大人般成熟的父母。但是,什么才是"成熟"呢?那就是成为孩子的好榜样,懂得基本礼貌,也会尊重、体谅他人。但是不要以"成熟"为理由,要求孩子做一些不合常识逻辑的事,也不要希望他们能够无条件服从自己,而是要引导孩子说出自己的意见与想法。

整理与父母的关系

对孩子而言，他们需要的关系整理法是懂得"人际关系的道理"，那么就需要整理父母的"类型"。发展心理学者将父母分成四种类型，分别为独裁型、宽容型、疏忽型、权威型。四种父母相对应的教养方式，是根据父母对于子女的要求数量、父母对子女所提要求的顺应程度来区分的。

<u>独裁型教养方式</u>：父母对子女有相当多的要求，但是父母不太聆听孩子需求，这样的父母通常非常严格，也会以处罚作为手段，希望孩子能够服从他们的所有要求。

<u>宽容型教养方式</u>：父母对子女的要求不多，而且父母对子女几乎是有求必应，这样的父母希望孩子能够喜欢自己，比起承担父母角色，他们更像朋友般与孩子相处。

<u>疏忽型教养方式</u>：父母对孩子的要求虽不多，但也不太理会孩子的需求，这样的父母对孩子的学校生活不感兴趣，在情感上与孩子相当疏离，通常他们都没有陪伴在孩子身边。

<u>权威型教养方式</u>：这类父母虽然对孩子有很多要求，但是也会倾听孩子的需求，和子女在情感上沟通良好，懂得给予孩子自由空间与机会，让他们可以自己探索世界。

你是哪种类型的父母呢？是不是只会对子女发号施令、要求多多的父母呢？还是对他们一点要求都没有，让孩子太随心所欲了呢？这四种教养方式中最理想的就是"权威型教养方式"，虽然"权威"一词用在很多情况下并不是具有那么正向的意义，但是"权威"本身是个中性词，并没有所谓的

好与坏，它可以给予标准及方向指引，同时也影响了对方的立场与行动。父母身为大人，应该给孩子做榜样，并且扮演为孩子设立行为准则、指引正确方向的角色。这些必须要有"权威"才能做得到。但是要注意的是，所谓的"权威"并不是自己想拥有就能得到的，最理想的获得权威的方式是受到对方的认同而产生。

所以，为了实现权威型教养方式，父母与子女必须建立互相尊重的关系。当然，要建立这种理想的亲子关系并不容易，不管是父母还是孩子，都要尽可能努力倾听彼此的需求，既让对方不会在对话中受到伤害，又能将自己的感受与需求坦诚地说出来，这才是建立互相尊重最好的方法。我们可以发现，所谓的"养育"不就是彼此表达自己的需求，并且不断地尽力去顺应和满足对方的过程吗？通过这过程，父母会获得权威，而这权威可以顺利地引领孩子。当然，最重要的是父母对子女如果提出要求，自己也要以身作则，要成为孩子的典范。

方案

Q：你是哪一种类型的父母呢？

教导基本礼仪

所谓的社会规范和礼仪就是让我们清楚知道必须根据各种情况采取适合的行动。但是父母不可能时时刻刻都跟在孩子身边，教导他们每一件事情，而且如果发生了预料之外的事情，不仅是孩子，连父母也可能会手足无措，最好的方法就是和孩子事先演练在公共场所有可能发生的情况。

这里推荐给大家的教育方法是TPO卡片游戏，所谓的"TPO"是就是时间（time）、地点（place）、情况（occasion）的缩写。先在T和P卡片上写下不同的时间、地点、场合，再由孩子随机各抽一张卡片后，父母设定一个特定的情况，此时孩子要在O卡片中找出最适当的卡片，或是可以直接回答在这样的时间及场合下该做出什么样的反应。如果孩子的选择或回答是合适的，就可以获得此组卡片。游戏结束后，可以根据获得卡片的数量换取诸如零食之类的相应奖品。如果选择了不恰当的行为，也可以和孩子一起讨论为什么这样的举动在这样的时间和场合是不恰当的。父母也可以换个方式，让孩子先抽O卡片，再把与之对应的T和P卡片通通找出来。这也是很好的训练方式，让孩子了解什么时候在什么地方该做出怎样的行动。

❖ T卡片（时间）：遇见老师的时候、大人提问的时候、朋友搬重物的时候、坐车的时候、吃点心的时候、吃饭的时候、有疑问的时候、去上厕所的时候、朋友生日的时候、有新同学转学来的时候、上课的时候，等等。

❋ P卡片（地点）：在学校、在家里、在房间、在补习班、在图书馆、在餐厅、在公交车里、在朋友家里，等等。

❋ O卡片（情况）：主动打招呼、举手发问、不大声喧哗、小心吃东西不掉出来、不乱扔垃圾、说吉祥话、一起提东西、系安全带、抄笔记，等等。

方案

★和孩子一起试试看吧！

Q：和孩子一起试着在"TPO"卡片上填写各种在家里会发生的情况，然后一起玩游戏！

T卡片	P卡片	O卡片

孩子关系整理第三阶段：整理关系

就像之前提过的，整理孩子的人际关系，最重要的并不是断绝一些泛泛之交，而是要孩子能够了解人际关系中所含有的情义、道理。也因为如此，父母不应该过分介入孩子的人际关系，也不该要孩子完全按照父母的意愿与朋友相处，父母要做的就是在一旁观察与协助孩子，让他们能够靠自己的力量解决人际关系中的所有问题。

可是孩子进入高年级，渐渐开始成群结队，彼此之间会开始出现一些微妙的竞争关系，同时也会开始出现各种摩擦与不合，而这些摩擦也比以前的情况复杂多了。即使常一起玩、比自己更有影响力（如人气高、力气大、喜欢运动）的朋友，或学习好、性格坚强的朋友也会成为加害者，与孩子产生矛盾。而孩子因为很喜欢同伴，却又常常吵架，所以变得内心很无助，甚至也可能失去自信心。

不管结果如何，对孩子有影响力的朋友，并不是一开始就怀有恶意。但他们有以自我为中心、缺乏同理心的倾向，所以孩子要保护自己、提高防卫心，因为不以自己为中心的话，孩子内心就会觉得很辛苦。如果孩子很喜欢那位朋友，内心非常想获得他的认同的话，渐渐地就会被牵制住，很可能内心会受到伤害，也会做出和自己信念相反的行为。这种关系一旦形成的话，就很难摆脱。

要想让孩子不要受到这种朋友的影响，孩子必须要相信自己是一个够优秀、多才多艺的人，不依赖朋友的认同。但是自尊心不是短时间之内就可以养成的，所以家庭里的气氛相当重要。父母在家里的谈话要避免将孩子与其他人比较，或是避免发表挑起竞争意识的言论，对于孩子的长处要加以认同赞许，也要以尊重的态度来对待他们，同时也要避免"好孩子综合征"，尽量不要对孩子有过高的道德要求，或是也要克制对他们的评判。

尽管如此，根据朋友影响力的程度、孩子本身个性的区别，孩子内心受到的伤害也不同，所以这种关系一旦形成的话，父母可以告诉孩子怎样处理这种情况。如果孩子总是把注意力放在一位朋友身上，太在乎这一个朋友，又或者反复和那位朋友吵架，可以建议孩子试试下列的方法。这些处理方法是在关系渐渐恶化之前，可以停止或处理情况的应对方法。

注重自己的情感

被自己喜欢的朋友批评、嘲笑，又或是被传达"你错我对"的讯息时，要否认这些信息或是坚持自己的想法是很困难的。特别是当这些信息中又含有那么一点真实性时，你就忍不住反复回想，导致丧失自信心，或是花很多时间和精力，只为让对方改变想法。

这时候就必须把注意力集中在自己的情感上。在这种情况之下，不要对自己产生怀疑，而是要诚实地表达自己的感受。如果和对方表达了几次，情况没有改善，仍然反复发生的话，就告诉对方你会采取什么样的行动。

✤ 第一阶段：表达情感——你取笑我，我觉得很不舒服，听了心情很不好。

✤ 第二阶段：预告采取行动——如果你再继续这样笑我，我就要回家了／我要去跟老师说。

✤ 第三阶段：采取行动——因为你一直笑我，我现在要回家了／我要去找老师了。

当孩子更看重自己的情感时，他就开始从那位朋友的影响力漩涡之中跳出来，也会感受到自己内在产生了强大的力量。可是现实生活中，如果真的出现了朋友批评、嘲笑自己的情况，可能会脑袋里一片空白，说不出任何话来，或者不知道该怎么办才好，所以最好的方法就是事前和父母一起练习,等真的遇到了才能有所反应。

情感表达练习在家庭里也是相当有用的,因为父母有时候也会像那位加害者朋友一样,并不是怀有恶意,但还是会造成孩子很大的挫折感或是给予孩子压力。在家里如果不能好好表达自己的情感,越想要得到父母认同的孩子,就越是会折磨自己,也会对人际关系感到困难。

> **方案**
>
> ★和孩子一起试试看吧!
> Q:曾听过别的朋友对你说过什么不好听的话吗?听到那些话时,你有什么感觉呢?请坦诚地说说看。

善于拒绝的方法

对孩子来说,人际关系是生活中非常重要的一件事,他们绝对不想和朋友发生任何摩擦,也希望别人会觉得自己是一个好朋友,所以对于朋友拜托的事情,要拒绝真的是一件相当困难的事情。虽然很多父母会说:"不喜欢的话就直接拒绝啊,为什么不说?"但是那种不想因拒绝而伤害朋友的心情,无论是孩子还是大人都一样。有很多大人也没办法拒绝周边朋友的请托,结果让自己陷入苦恼和困境。

再加上拒绝也是需要技巧的,因此需要反复练习与试验。父母可以教孩子拒绝的技巧,做到温柔而坚决的拒绝。拒绝的技巧分成两种,"善意的拒绝"以及"有限制的拒绝"。

善意的拒绝方法

先表现出对对方的善意,让对方在心情上不要感到受伤,之后再果断拒绝或者说出结束当下情形的话。

- 第一阶段:凸显善意——"我也想跟你一起去"或"我也想跟你一起玩"。
- 第二阶段:果断拒绝——"但是我有必须要做的事,所以好像没办法去"或"我已经有约了,所以只能下次了"或"我要先问问我爸妈才可以"。

有限制的拒绝方法

第二个方法就是有限制的拒绝,这个方法是为自己设定一个底线,如果超过那个底线就拒绝。

- 第一阶段:在可能的范围内答应要求——"我只能做到××为止"。
- 第二阶段:在范围内向对方表达善意——"到那时候我们再一起开心的玩"。

如果是没办法马上给出答案的状况，可以先回答"知道了，让我考虑一下"，先把情况控制住，之后再考虑是用善意的拒绝方法还是有限制的拒绝方法来拒绝对方。

方 案

★和孩子一起试试看！
Q：曾经有过想要拒绝朋友的情况吗？说说看那是怎样的情形，并试着用"善意的拒绝法"及"有限制的拒绝法"来练习如何拒绝朋友。

小贴士

关于聊天群组的使用

现在孩子使用智能手机的情况越来越普及，也产生了在社交软件和聊天群组里霸凌或排挤的情况，有的父母为了避免发生这样的情况，根本不给孩子手机，或是只给他们买儿童专用手机。要不要使用智能手机，父母与孩子要根据必要性做决定，但是如果决定让孩子使用，一定要关心孩子怎样使用手机，有几个聊天群组，聊天群组里是不是有朋友被排挤、是不是在讲老师的坏话。父母平常要多多跟孩子交流，观察他们同龄人之间通常都在聊什么。孩子在使用智能手机之后，如果情感上出现了异常的症状，父母必须马上向孩子表达自己的关怀，和他一起聊聊发生了什么问题。当然，最好的方法并不是在事情发生后思索对策，而是在之前就先想好预防的方法。父母在给孩子买智能手机的时候，最重要的就是对手机的使用规则和孩子约法三章。

限制使用时间：越是依赖智能手机，使用社交软件的时间就越长，尤其是女孩子，因为非常在乎和重视朋友之间的沟通及情感上的亲密度，所以沉迷社交软件的可能性就相对更高。父母最好限制孩子使用智能手机的时间，并且让孩子多参与其他活动，以降低他们对手机的依赖程度。

发信息尽量简短：告诉孩子信息交流的规则。信息要尽量简短，只沟通一些不紧急却必要的事情。我们的人际关系应该更多地在实际生活中进行，如果要长时间讨论，最好通过电话或是当面讨论会比较好，在实际生活中要拥有足够的时间和朋友一起玩。

使用正确的语言：现实生活中要文明用语，网上也应如此。要让孩子了解，线上比线下要更加谨慎。在我们表达自己的想法与情绪时，要了解文字比言语更加重要，比起有温度的言语，冷冰冰的文字不太容易传达出我们真正的意思，有可能会让人曲解我们的想法；而且文字一旦传达出去，就不能轻易被删除，虽然写的人可能只是开玩笑，但要特别注意可能会给对方造成伤害。

使用多种沟通方法：即使没有智能手机，也要知道除了聊天群组外有哪些获得学校生活重要资讯的方法。如果学校的行程、作业或是要带的东西全都得靠聊天群组才知道的话，很可能因为没有及时查看信息而有所遗漏。要让孩子知道，可以通过打电话问好朋友或是查看电脑网络来获得必要的信息。

> 父母和孩子一起制定使用规定，如果违反规定，就要禁止使用手机几天并且立即执行。在一定程度上对执行规则采取坚决的态度是很重要的。

孩子在成长过程中，与朋友的人际关系就是在摩擦、和好的过程中不断地重复，这样孩子才能学会成长、了解交朋友和相处的技巧。但是，如果孩子遭受到霸凌与排挤，就绝对需要大人的帮助。首先家长要先安抚孩子受伤的心，并且跟班主任联络，因为班主任比父母更了解孩子在学校的具体情况，也能较客观地把握情报与状况。同时，父母的影响力无法深入孩子的校园生活，必须由班主任根据情况在班上做出处置。

明尼苏达大学家庭教育学系名誉教授马蒂·罗斯曼认为，所谓的"成功"就是和好朋友维持良好关系，并且接受完整教育，顺利进入职场生活。但是，如果幼年时期在与家人或朋友的关系中没有获得满足的话，就会造成情绪上的饥饿感，进而将情感转移到智能手机或多媒体等给予感官刺激的娱乐上，形成沉迷的情况，或是因为变得过度自恋、自信感下降，进而影响了学校、社会生活，引发许多问题。孩子在人际关系中越感到幸福，就越能拥有健康的学校生活，也会比较认真学习，将来走入社会，也能成为独立自主的成年人。但是父母往往都是等到孩子在成长过程中出现了问题才后知后觉，认识到孩子和家人、朋友的关系是如此重要。请记住，拥有幸福人生最重要的是不要忘记包括家人和朋友在内的人际关系。

后记

相信孩子的潜力，相信整理的力量

有了孩子之后，很多人便深深体会到"有孩子的家庭真的没办法整理整齐"，但是如果没有足够的思想觉悟，就算是整理咨询专家自己的家也没办法整理，所以我制定了两个原则：第一个原则是需要的东西只在需要的时候购买必要的量；第二个原则是每天睡前十五分钟，决定今天要整理的区域（例如客厅地板、沙发），然后动手整理。虽然结婚后家里东西一定会逐渐增加，但只要遵守这两个原则，就算之后家里有了新成员，家里的空间也不会变化太多，可以维持原有的空间。

同时，孩子成长过程中，不要强调整理，也不要因为整理而训斥孩子。不要显得是自己强迫孩子他才去整理，而是要让孩子体验到整理的好处，主动整理。加上孩子天性上喜欢模仿成人，如果他们看到我们总是在整理，自然而然也会效仿我们整理东西。从小时候开始，就会拿着拖把拖拖客厅地板，或是拿着毛巾把家里擦一擦。孩子年纪再大一点以后，每天选一个固定的时间和孩子一起整理。养成习惯后，无论出门前、玩游戏后、周末上午或是睡觉前，只要约定的时间一到，他们就会意识到整理时间到了，应该要整理。同样，孩子也会在衣服晒干后自己把衣服折好放到衣柜里，会在洗完澡后自己找衣服穿，而且觉得这些本来就是自己应该做的事。

有一次我和我太太聊天时，太太问我："我们的孩子长大以后，你希望她成为什么样的人呢？"我毫不迟疑地说："我希望她成为一个很会整理的人。"太太听了我的回答后笑了出来，又问："那么成绩不好也没关系吗？"太太可能不太了解，其实我所表达的深层涵义是期待孩子能够成为真正掌控自己人生的人，我希望我的女儿可以在一个让她觉得舒服的环境中成长，把宝贵的时间花在自己感兴趣的美好事物上，也能和那些带给她积极想法与正能量的朋友一起度过美好的时光。能实现这个目标就很好了！

这本书的出版受到了相当多人的帮助与鼓励，在此要感谢在收集资料与修改原稿上给了很多帮助的经纪人沈智恩、耐心等稿并且用一针见血的评价提升本书水准的编辑朴智秀、在咨询现场一直努力工作的经纪人玄正美、每天都努力整理并把自己的整理小故事分享到"整理之力"社区中的所有成员们，还有在社交软件上对我原稿给予意见的所有朋友们。感谢在我写作期间每天深夜等我回家的女儿及太太，总是为我祈祷并支持我的爸爸妈妈、岳父岳母以及其他家人；我也要感谢所有等待我新书出版的读者们。

《哲学如何帮助整理》作者施密特说:"混沌是所有可能的潜在集合。"每个孩子都天生拥有无限的潜力与创造力,可是父母为了孩子好,无意识中就为他们设定了框架,用自己的标准来判断什么是孩子需要或是不需要的。这么一来,孩子就会逐渐失去原有的光芒,变得依赖父母,也可能对自己人生感到彷徨。我们都不希望自己的孩子变成这样吧!所以,不要再帮孩子整理他们的人生,而是帮孩子在他们的人生道路中埋下"整理"的种子,让孩子找到属于自己的"秩序",创造出属于自己美好人生。整理的力量不会背叛我们,希望你也能相信整理带来的力量。

整理任务清单

	父母应该做的助推	必须教导孩子的规则
回家时	在玄关贴上脚印的贴纸	"回家后把鞋子对照脚印贴纸放好"
	在玄关或是房里，准备一个专门让孩子放书包的地方（可以是大的收纳篮或是跟孩子差不多高的挂钩）	"从学校（补习班）回来以后，要把书包放在这里"
	用有颜色的胶带规划玩具汽车或自行车的停放区域	"玩具汽车（自行车）玩完后，请把它停在停车场"
	用有颜色的胶带标示出玄关到厕所的方向	"回家以后，请跟着箭头去厕所洗手"
	在肥皂里塞入小积木	"如果努力用肥皂洗手，就可以找出藏在肥皂里的小积木啦"
洗澡时	在浴室或是多功能室前面放一个洗衣篮（放脏衣服用）	"把要洗的衣服放到洗衣篮里！不放到里面的话，妈妈就不能及时清洗了"
	在浴室中准备玩水玩具的洗衣网	洗完澡后要把玩具放到洗衣网中（把洗衣网挂起来，让玩具上的水沥干）

续表

	父母应该做的助推	必须教导孩子的规则
玩玩具时	在玩具收纳箱上用图片或文字标示清楚	"玩具玩完后,记得等一下也要带玩具们回家,它家地址在这边……"
	用一块地垫区分游戏空间	"要按约定在垫子上玩玩具啊"
	设定时间,并使用计时器一起整理(可以一边唱整理之歌)	"已经××点钟了,整理时间到了,我们来整理玩具吧"
穿衣服时	在房间放一个存放穿过的衣服的收纳篮(保管用)	"穿过的衣服折好放篮子里"
	在衣柜分区放置上衣和裤子,并且贴上标签	"(睡前)把明天想穿的衣服和裤子先拿出来吧"
整理衣服时	教孩子叠衣服(内衣、袜子等)的方法	"把衣服叠整齐并排列好之后才算完成了任务,我们来比赛谁叠的衣服多吧。"
读书时	以5~15分钟为单位时间来设定计时器	"学到闹钟响为止。在闹钟响起之前完成作业吧"

续表

	父母应该做的助推	必须教导孩子的规则
读书时	将抽屉按用途分类后，贴上标签	"文具放在这个抽屉，乐器放在最下面的抽屉。用完以后要放回原位"
	习题集/参考书/讲义在收纳架上分三层放好（贴上标签）	"习题集、参考书、讲义要分层摆放，这样才不会混在一起，要找也比较好找"
玩游戏时	以5~15分钟为单位时间来设定计时器	"一天可以玩×次，一次玩××分钟，闹钟响的话游戏就得要结束啦"
其他	整理孩子的作品：将孩子的作品摆在像玄关或客厅这种全家都可以观赏的地方（架子：摆放1~3个手工品，其他放进收纳箱；相框：1个，其他放到透明资料夹里）	"选几个你最喜欢的作品。我们把它放到全家都看得到的地方好吗？你最喜欢哪个作品呢？哪些是丢了也没关系的呢？"
	整理回忆箱子：整理大小固定的箱子内部，定期整理，把优先性较低的物品清理掉	
	和孩子一起参加跳蚤市场	

Copyright ⓒ 2017 by 윤선현 (Sun Hyun, Yoon / 尹善铉)
All rights reserved.
Original Korean edition published by Wisdom House, Inc..
Simplified Chinese copyright ⓒ 2021 by Hunan Education Publishing House .
Simplified Chinese language edition arranged with Wisdom House, Inc. through Rightol Media Limited. (本书中文简体版权经由锐拓传媒取得。)

湖南省版权局著作权合同登记图字:18-2021-144

著作权所有，请勿擅用本书制作各类出版物，违者必究。

图书在版编目（CIP）数据

会整理的孩子会学习 /（韩）尹善铉著；李倩译. —长沙：湖南教育出版社，2021.6
ISBN 978-7-5539-7393-7

Ⅰ.①会… Ⅱ.①尹… ②李… Ⅲ.①学习兴趣—儿童教育—家庭教育　Ⅳ.① G782 ② G442

中国版本图书馆 CIP 数据核字（2020）第 259407 号

HUI ZHENGLI DE HAIZI HUI XUEXI

书　　名	会整理的孩子会学习
责任编辑	曾　恺
责任校对	朱艳红
装帧设计	阙　铭
出版发行	湖南教育出版社（长沙市韶山北路 443 号）
网　　址	http://www.hneph.com
电子邮箱	hnjycbs@sina.com
微 信 号	湖南教育出版社
客服电话	0731-85486979
经　　销	湖南省新华书店
印　　刷	湖南省众鑫印务有限公司
开　　本	880mm×1280mm　32 开
印　　张	7.5
字　　数	150000
版　　次	2021 年 6 月第 1 版
印　　次	2021 年 6 月第 1 次印刷
书　　号	ISBN 978-7-5539-7393-7
定　　价	58.00 元

如有质量问题，影响阅读，请与湖南教育出版社联系调换。